GAOSU LIECHE QIANYIN XITONG DE
ZAOQI GUZHANG ZHENDUAN

高速列车牵引系统的早期故障诊断

吴云凯　姜 斌　朱志宇　陆宁云　编著

化学工业出版社

·北京·

本书针对CRH动车组列车牵引系统中可能出现的微小故障展开检测和诊断（故障的定位和重构）的理论研究。主要解决如下问题：在故障特征微弱的情况下，增强残差内的故障信息，并有效抑制系统扰动对于微小故障检测的影响；针对闭环控制对微小故障有补偿作用提出有效的解决方案；解决多故障并发下的微小故障检测和诊断。所提理论运用于列车悬挂控制系统、电机牵引控制系统以及逆变器控制系统中，均取得了较好的仿真效果，从而给动车组的工程实际应用提供可借鉴的理论研究成果。

本书适合高等院校、科研院所等从事自动化、电气以及轨道交通等领域的人员参考。

图书在版编目（CIP）数据

高速列车牵引系统的早期故障诊断/吴云凯等编著．—北京：化学工业出版社，2019.6

ISBN 978-7-122-34084-9

Ⅰ.①高… Ⅱ.①吴… Ⅲ.①高速列车-牵引系统-故障诊断 Ⅳ.①U269

中国版本图书馆CIP数据核字（2019）第049596号

责任编辑：廉　静　张绪瑞

责任校对：宋　玮　　　　装帧设计：王晓宇

出版发行：化学工业出版社（北京市东城区青年湖南街13号　邮政编码100011）

印　　刷：北京京华铭诚工贸有限公司

装　　订：三河市振勇印装有限公司

710mm×1000mm　1/16　印张8¼　字数139千字　2019年6月北京第1版第1次印刷

购书咨询：010-64518888　　售后服务：010-64518899

网　　址：http://www.cip.com.cn

凡购买本书，如有缺损质量问题，本社销售中心负责调换。

定　　价：48.00元

前言
FOREWORD

高速列车因其舒适、便捷、安全和准时，已成为我国主流的城际间交通工具。CRH (China Railway High-speed) 动车组高速列车是一个大型复杂的机电耦合系统，作为其重要组成部分，牵引控制系统的可靠性对于高速列车的安全运营至关重要。随着在轨运行时间的增长，牵引控制系统中的很多部件都会发生不同程度的性能衰退并引发早期微小故障。这些故障由于特征微弱，不易被列车故障监控系统及时检测出，但随着故障的逐步加剧，有可能演变为重大的灾难事故，给高速列车的安全运行带来潜在危险。因此，针对动车组高速列车的牵引控制系统开展早期微小故障诊断的研究具有重要意义。

本书针对 CRH 动车组高速列车牵引控制系统中可能出现的早期微小故障开展检测和诊断 (故障的定位和重构) 的理论研究，主要研究对象包括悬挂控制系统、感应电机驱动电路、感应电机传感器、变流器控制系统、感应电机本体 (定子和转子绕组) 等。系统模型描述形式包括线性定常系统、T-S 模糊系统、具有不确定性的非线性系统以及广义非线性系统。本书主要包括以下 5 个方面。

① 系统地论述了线性系统基于 ToMFIR 残差的故障检测机理，主要包括：线性定常系统的 ToMFIR 残差理论、鲁棒 ToMFIR 残差理论、ToMFIR 残差的近似计算理论、观测器残差修正理论等。构造了动车组列车悬挂系统的动态模型，包含轨道的垂向不平顺信号和多种类型的执行器早期微小故障。根据线性系统鲁棒 ToMFIR 残差理论和近似计算理论，实现悬挂系统执行器早期微小故障的检测。仿真结果表明，所提故障检测方案可以有效解决微小故障检测问题，在实时性和准确性方面都明显优于基于观测器残差的故障检测方法。

② 针对 T-S 模糊系统中早期微小故障的检测和诊断问题，设计了基于 T-S 模糊 ToMFIR 残差的故障检测方案，进一步结合滑模观测器和基于 ToMFIR 残差的隔离阈值实现微小故障的隔离，最后基于自适应观测器估计出执行器的效能损失比例。所提方法不仅能消除原始的基于 ToMFIR 残差的故障检测对于系统结构的约束，而且给出了形式更为一般的基于 ToMFIR 残差的故障诊断架构。该算法成功应用于牵引电机控制系统中驱动电路微小故障的诊断，并获得较好的仿真验证

效果。

③ 针对传感器早期微小故障往往呈现并发的特性，基于 ToMFIR 残差理论的进一步研究结果，给出了具有不确定性的非线性系统复合传感器故障的检测和定位方案，并应用于 CRH2 型动车组列车电机牵引控制系统的仿真中，成功实现了当电流传感器和转速传感器早期微小故障并发时的及时检测和精确定位。研究结果表明，基于 ToMFIR 残差的故障检测理论可以直接应用于非线性系统中，在解决实际系统（多为非线性系统）的早期故障诊断问题时，无需依赖繁琐的线性化手段，并可直接使用非线性系统的观测器设计方法。

④ 广义系统可以用来描述许多大型复杂系统，并在电力系统、机电系统中有着广泛的应用，因此本书针对广义系统开展执行器/传感器早期微小故障重构的研究。首先通过参数化执行器和传感器的故障项，构造增广的广义系统模型，其次通过广义估计器的设计，解耦系统中的扰动输入和输出测量噪声，为了获得最佳的故障重构效果，基于状态估计误差的数学表述提出了一个线性矩阵不等式优化问题，最终保证了在既定约束条件下的最优估计性能。以 CRH2 型动车组列车的三相逆变器控制系统为仿真应用对象，实现了对故障前后系统的状态、执行器/传感器早期微小故障以及输出测量噪声的准确估计。

⑤ 牵引电机的本体故障（定/转子绕组故障），是牵引电机控制系统中的主要故障类型。开展牵引电机早期本体故障的检测和诊断研究，不仅可以提高电机本身的可靠性，而且可以避免高速列车牵引控制系统发生重大故障。首先对三相笼式异步电机定/转子绕组的早期故障进行数学建模和趋势特性分析，构建了牵引电机 d-q 坐标系状态空间方程（包括可能的绕组故障和负载扰动），并针对此单输出系统提出了基于鲁棒观测器的故障检测和隔离方案，实现了定子绕组小范围绝缘层击穿（5% 绝缘层击穿）故障下的检测和定位，具有较强的工程参考应用价值。

编著者

2019 年 2 月

目录
CONTENTS

第1章
绪论

1.1 研究的背景及意义

1964年，全世界首条真正意义上的高速铁路（东海道新干线）建成通车，“子弹头”高速列车Shinkansen以210km/h的速度刷新了当时列车在轨运行的最快纪录，开创了高速列车从无到有的新纪元。此后，法国的TGV、德国的ICE等高速列车相继开行。近十年，我国的高速铁路迅猛发展，目前已经建成世界上规模最大、运营速度最快的高铁网。CRH（China Railway High-speed）动车组列车是我国主要高速铁路干线上在轨运营的高速列车，其中主力车型CRH2和CRH5型动车组列车已经成为我国高速轨道交通的中坚力量[1]。

图1.1　德国高速列车ICE脱轨

高速列车是一个大型复杂的现代控制系统，由于其绝大部分的在轨时间都处于高速运行状态，且与旅客的人身、财产安全息息相关，因此其在系统可靠性方面的要求非常高。然而，系统内部的一些早期微小故障，由于故障征兆微弱，不易被列车上的监控系统及时检测到，但随着故障的逐步加剧，有可能演变为重大的灾难事故。1998 年德国 ICE 高速列车发生严重脱轨事故（见图 1.1），造成 101 人丧生的惨剧，其原因是轮轨轴承上的细微裂痕没有被及时发现，随着在轨运行时间的增长，轴承发生破裂，致使列车失控撞上路桥。2011 年韩国 KTX 高速列车发生三节车厢脱轨事故（见图 1.2），其原因竟然是用于固定车身的螺钉发生松浮。由此可见，早期微小故障也可能给整个高速列车系统带来巨大的潜在危害。

图 1.2　韩国高速列车 KTX 脱轨

CRH 列车的信息控制系统如图 1.3 所示，其主要结构包括：列车网络系统、牵引传动控制系统、列车运行控制系统、制动控制系统等，是一个多层次、多尺度、多回路的闭环控制结构。如果把整个列车信息控制系统比作是人体的话，则牵引传动控制系统就是人的心脏，由此可见牵引系统是高速列车信息控制系统中最核心的单元。因此，围绕 CRH 动车组牵引控制系统展开早期微小故障诊断的研究，对于提高我国高速列车的运行可靠性有着极其重要的理论意义与工程价值。

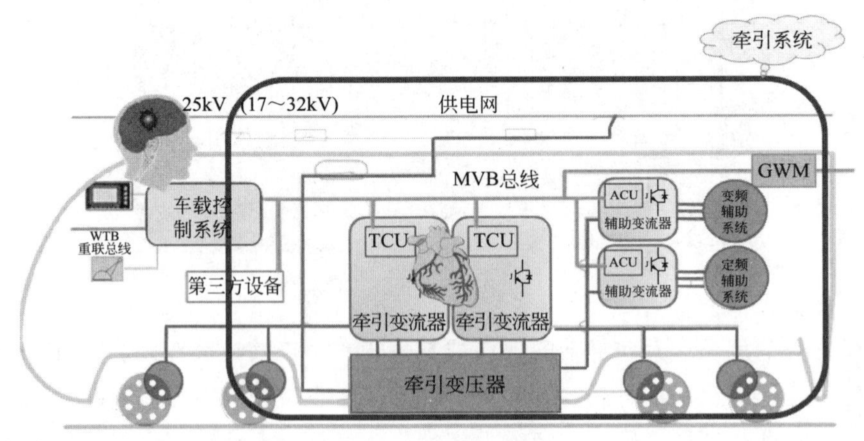

图 1.3　CRH 列车信息控制系统结构框图

本书以 CRH 动车组列车为实际工程应用背景，将牵引传动控制系统在早期微小故障诊断方面所面临的挑战概括如下。

（1）外界干扰造成微小故障诊断困难。CRH 动车组列车运行环境复杂多变，整个在轨运行过程需要应对雷电、大风、冰雪等极端天气。微小故障由于其征兆微弱，早期不会对整个牵引系统造成严重的影响，此时牵引传动系统的各项运行参数都在可接受的设计范围内。以牵引电机中最常见的转子故障为例，其故障原因主要是机械磨损，即典型的微小故障。在磨损初期，电机的各项性能均在正常范围以内，列车故障监控系统极难发现此类故障，同时运行过程中来自外部环境的干扰，使得微小故障极容易被掩盖。在干扰的不断作用下，使得机械磨损进一步加剧，最终发生转子断条，造成牵引电机停车。另一方面，CRH 动车组牵引系统在设计之初，考虑到外界工况对于电气系统的影响，人为放宽了功率器件的工作范围，以此增强牵引传动系统的鲁棒性，这也为早期微小故障的检测和诊断设置了障碍。

（2）闭环的控制结构会补偿故障对牵引系统的影响并且导致微小故障的传播和演变。高速列车牵引控制系统采用闭环控制结构，对于一定等级范围内的故障都有相当的容错能力。故障自发生伊始，系统都不会产生大幅的性能下降，即所谓的控制器“补偿作用”，这种补偿作用会使列车的监控系统对早期微小故障产生大量的故障漏报。由图 1.4 可知，CRH 动车组列车的牵引系统涉及复杂的能量变换和传递，这一链式结构为微小故障的演变、传播和扩散提供了条件。一个局部的微小故障，通过设备及子系统之间的链路进行传播和扩散，使得本来与故障不相干的设备或元器件也产生“故障”的假象，进而导致整个牵引控制系统的误报警和误切换，给高速列车的正常运行带来巨大的安全隐患。

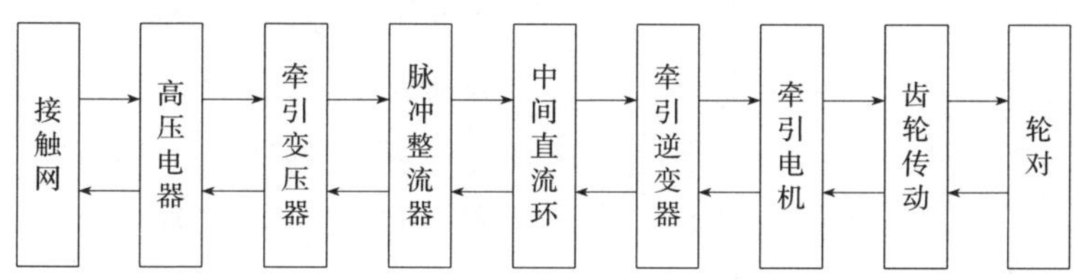

图 1.4　牵引系统中的能量变换与传递途径示意图[1]

（3）微小故障并发给牵引控制系统的故障诊断带来新的难点。为保证 CRH 动车组列车的高可靠性，牵引传动控制系统除了配备大量的冗余硬件外，许多设备都是多套同时使用的，再加上列车运行环境的复杂多变，常会产生执行器/传感器微小故障并发、多传感器微小故障并发的情况。例如，牵引电机控制系统就配备有电流、转速、温度等各种类型的传感器，同时为了保证测量的准确可靠，这些传感器往往都有冗余配置，即通过多个传感器对于同一物理量的测量比较，从而获得可靠的测量信息，这也为微小故障的并发（也称为复合故障）提供了条件，同时给高速列车牵引控制系统的早期故障诊断带来了新的难点。

1.2 微小故障诊断研究现状

微小故障是指一类故障征兆不明显，或故障初期对系统的性能影响微弱，但是经过一段时间的发展，会演变成可能对整个系统造成破坏性影响的故障，其主要特点是征兆微弱，容易被噪声信号淹没。文献［2］将微小故障分为三类：缓变微小故障、突变微小故障和间歇性微小故障。微小故障在早期具有隐蔽性和随机性，不容易被发现；中期具有渐变性，其演变和发展是一个缓慢的过程，这段时间是故障检测、诊断的窗口期，大多数的微小故障诊断工作都应在这个时间段内完成；微小故障的晚期具有突变性，往往在经历了中期的“量变”之后，会在某一个触发时刻“质变”为一个会造成系统异常的严重故障，而且后期可利用的故障处理时间较短。

1.2.1 基于定性方法的微小故障诊断

定性的微小故障诊断方法主要是指基于图论的方法，具体来说有故障树分析法（Fault Tree Analysis Method，FTA）和符号有向图法（Sign Directed Graph Method，SDG）。FTA 是一种基于树形逻辑的推理方法，从状态出发，从结果到原因，逐级推理，从而完成故障的检测和定位，并成功应用于锅炉给水泵系统[3]、发动机系统[4]、Tennessee Eastman（TE）化工过程[5] 中的早期故障检测以及故障源的定位。基于 FTA 的微小故障诊断方法具有直观明了、逻辑性强的优点，但是故障树的规模会随着系统复杂度的提升而增大，所以还无法应用于大型复杂系统中的微小故障诊断。而基于 SDG 的故障诊断则根据因果行为建立关系图，结合一定的搜索策略找出故障的源头并揭示故障演变的内在机理。在近些年的研究中，基于 SDG 的微小故障诊断方法常与主元分析（Principal Component Analysis，PCA）[6]、定性趋势分析（Qualitative Trend Analysis，QTA）[7] 等相结合，并在一定程度上实现了工程应用。与基于 FTA 的微小故障诊断方法类似，系统的复杂度对 SDG 的节点和支路数量、推理复杂度等都有着直接的影响，再加上节点阈值难以确定，所以此类方法很难有大范围的工程应用。

1.2.2 基于定量方法的微小故障诊断

1.2.2.1 基于解析模型的微小故障诊断

基于解析模型的微小故障诊断主要包括基于状态估计和在线近似的方法。

基于状态估计的微小故障诊断方法利用观测器或滤波器得到系统的观测输出，再与系统的实际输出生成观测残差，通过对残差的评估完成早期故障的检测和诊断。文献［8，9］结合 Luenberger 观测器和滑模观测器（Sliding Mode Observer，SMO），实现了检测机制对系统干扰鲁棒和对微小故障敏感的目的。文献［10］为了确保观测器残差只对早期故障敏感，设计了一种基于未知输入观测器的诊断机制，从而实现检测机制与容错控制设计的解耦。文献［11］利用干扰补偿和自适应阈值技术设计了基于鲁棒观测器的早期故障检测机制，并成功应用于干扰信号可测的飞控系统，实现了舵机微小故障的检测和诊断。两级诊断的思想也常用于早期微小故障的诊断，其中两级扩展卡尔曼滤波器[12]被证明具有更加出色的诊断性能。状态估计是基于解析模型的故障诊断中应用最为广泛的方法，但其在应用于微小故障诊断时，面临如下的问题：

① 状态估计的方法依赖于基于观测器残差和阈值的判断机制，微小故障会因为征兆微弱、对观测器残差影响小、阈值设置过宽等原因而被漏报；

② 观测器残差同时依赖于观测器增益矩阵的选择，观测器增益选择不当，同样会导致微小故障的漏报和误报（此部分理论详见第 2 章）。针对这一问题，文献［13］设计了一种不依赖于观测器残差和阈值判断机制的微小故障检测方法。

在线近似的方法[14]是另一种基于解析模型的微小故障诊断方法。此类方法依据自适应理论，设计可在线调整的自适应率，使得所构造的模型精确匹配原来的系统，以在线近似故障函数的输出作为故障发生与否的判断标准。在这类方法中，系统的不确定性常以范数有界的加性扰动表示，通过设计自适应估计器来进行故障重构，同时完成故障的辨识和隔离，但是其缺点是故障重构的准确性（精度）尚未得到理论证明。

1.2.2.2 基于数据驱动的微小故障诊断

基于数据驱动的微小故障诊断与基于解析模型的诊断方法最大不同之处在于其不依赖于系统的数学模型和先验知识，工程实用性更强。其基本思路是：

在一定的代价函数约束下，依靠对历史数据的学习和挖掘，获取其中隐含的系统信息和故障信息，分别用以表征正常模式和故障模式，进而完成早期故障的检测和诊断。基于数据驱动的微小故障诊断主要分为：基于统计分析的方法、基于信号处理的方法和基于人工智能的方法。

基于统计分析的微小故障诊断主要针对历史数据进行统计分析，分别计算每个样本的监测统计量，并依据监控指标置信限（由正常样本估算得到）来分析当前样本故障与否。主元分析是当前应用最为广泛的多元统计分析方法，在早期微小故障诊断方面也有相关的理论和应用。文献［15］基于主元分析提出了固体废物的检测方法，并应用于焚烧炉一类具有缓变、不确定性的早期微小故障的诊断。文献［16］将主元分析和指数加权滑动平均相结合，在化工过程的微小故障诊断中取得了一系列的应用。文献［17］在基于主元分析的微小故障检测设计中引入了系统各分量权重的概念，用以描述各个系统分量的量纲对于系统影响的重要程度。基于多级故障诊断的思路，文献［18］提出了基于主元分析投影的多级微小故障诊断机制。文献［19，20］在基于主元分析的方法中结合了概率分布度量，采用 Kullback-Leibler 测度量化潜在分数与参照分数之间的残差，以提高微小故障的辨识精度。但是基于主元分析的方法需要假定数据服从高斯分布，限制了其在微小故障诊断领域内的应用。针对具有非正态分布的多变量系统，独立元分析能够把高维数据转换成不相关且相互独立的部分，在降低维数的同时检测并分离出噪声。在已有文献中，独立元分析也常与主元分析[21]、Morlet 小波[22]、回归技术[23]、Kurtogram 算法[24]等相结合，在变速箱、滚动轴承和齿轮等部件和系统的微小故障诊断中都有应用。与主元分析方法相比，独立元分析虽然不要求数据服从高斯分布，但要求数据信息在时间序列上独立，这使得依据时间采样的系统在使用独立元分析处理数据时损失了时间上的信息，从而忽视了早期故障诊断中故障数据在时间上的相关性。除此以外，基于偏最小二乘[25]、非负矩阵分解[26]、时间序列分析[27] 和灰色理论[28] 的微小故障诊断都有相关的研究成果。

故障诊断其本质也是一个对信号处理和分析的过程，所以基于信号处理的微小故障诊断也是研究的热点。在早期微小故障发生时，信号的幅值、相位和频率等特性都会发生相应的变化，这给故障诊断提供了可能。其中基于小波变换[29] 的方法应用最为广泛，其基本的诊断思路是通过多尺度地细化分析故障信号，从而捕获故障信号的细节特征。谱分析[30] 是另一种应用较为广泛的基

于信号处理的微小故障诊断方法，主要应用领域为轴承和旋转机械等振动信号丰富且易于采集的系统。基于经验模式分解[31]的早期故障诊断思路是将经过平稳化处理的过程数据进行Hilbert变换得到频谱图，识别具有特定物理含义的频率并进行故障模式的分析。从理论上来说，经验模式分解法可用于任何类型的信号分解，但是也不可避免地存在"端点效应"，在应用于微小故障诊断时，那些能够反映故障征兆的信号由于幅值微弱，容易受端点效应和模态混叠的影响，使得整个诊断机制产生误判。与经验模式分解相对应的还有基于形态信号处理方法[32]的微小故障诊断，即通过构造一个合适的结构元素，也称为"探针"，并让其在信号中不断地搜寻、移动，挖掘能够表征故障信息的信号以及这些信号之间的关联性。但是在此类诊断机制中，微小故障信号不可避免会被滤波器弱化，当故障引起的脉冲信号完全被噪声信号掩盖时，基于经验模式分解的故障诊断方法就会失效。

很多时候故障类型和征兆之间并不是简单的对应关系，需要基于正常数据和故障数据，利用人工智能的方法训练各类学习型算法，从而达到早期微小故障诊断的目的。基于神经网络的方法通过网络间各层的学习建立故障征兆和类型之间的映射关系，故障征兆对应于输入层的节点，故障类型对应于输出层的节点，从而完成一个完整的由故障征兆到故障类型的逻辑映射，并在直流电机、油浸式电力变压器[33]、旋转机械[34]等系统的微小故障检测和诊断中得到了应用。但是由于网络的学习需要提供海量的故障样本，所以对于无法获得大量故障数据的系统，基于人工智能的方法并不适用。针对这一问题，基于支持向量机[35]的微小故障诊断方法被提出。由于支持向量机适合小样本故障数据的学习和诊断，并能通过特定训练样本的学习达到高精度的故障识别，所以应用较为广泛。但同时，基于支持向量机的诊断精度很大程度上受故障样本的完备性和代表性的影响。基于模糊逻辑[36]的方法是另外一种应用较为广泛的基于人工智能的微小故障诊断方法，其可根据隶属度函数和模糊关系矩阵描述故障和征兆之间的关系，进而完成故障的检测和诊断。但是由于隶属度函数在选择和构造上主观性太强，且当故障征兆微弱时，如果故障特征选择不当，会大大降低故障的诊断精度，所以一般都是与其他基于人工智能的方法相结合。

1.2.3 基于半定性半定量方法的微小故障诊断

为了克服定性、定量方法在早期微小故障诊断中的不足，近几年，一种将定性诊断方法和定量诊断方法相融合的半定性半定量微小故障诊断方法被提出，其中最为常见的是神经网络和专家系统相结合的方法。文献［37］充分利用神经网络的自学习、自组织能力以及专家系统的推理、决策和判断能力，设计了用于配电系统早期故障检测、诊断和健康维护的系统。文献［38］在智能化诊断方案中融合了神经网络与专家系统信息共享的数据库，实现了变压器微小故障的检测和定位。文献［39］在基于神经网络和专家系统的诊断中引入了模糊逻辑，进一步提高了变压器早期故障诊断的精度。

从研究结果来看，半定性半定量微小故障诊断方法虽然在一定程度上起到了扬长避短的作用，但是在提高诊断精度的同时也增加了诊断的计算负荷和运行成本。

1.3 闭环系统故障诊断研究现状

闭环反馈的引入是为了满足系统对于稳定性和鲁棒性的要求，而闭环控制律的引入会改变系统的运行特性，同时也改变了变量之间的函数关系，从而导致基于开环系统的故障诊断方法的失效。而目前绝大多数的故障诊断算法都是基于开环控制系统设计的，因此非常有必要在闭环的前提下研究早期微小故障的检测和诊断。文献［2］就开环系统中的故障诊断机制直接应用于闭环系统而导致诊断性能下降的原因做了如下的归纳：①闭环反馈的引入提升了系统的鲁棒性，从而导致早期故障对于系统的影响进一步被削弱，使得漏报率增加；②闭环反馈的控制结构，给故障在系统内部传播提供了可能，往往产生一处故障多处信号异常的情况。

文献［40］通过理论分析和仿真验证阐述了闭环结构对于故障检测残差的影响，并且指出基于闭环系统的故障隔离也与开环系统有着迥然不同的结果。总体来说，基于闭环系统展开的故障诊断研究结果还很少。针对闭环控制系统故障参数已知的情况，基于模型匹配[41]的方法常应用于早期微小故障的诊断。当正常工况和故障工况下的系统状态方程均已知时，也可以从系统层面[42]来考虑微小故障的检测、隔离和重构问题。针对故障参数未知的情况，文献［43］基于最小二乘准则和强跟踪滤波器理论，使得估计结果对于系统动态的变化更加敏感，对干扰和不确定性更加鲁棒。文献［44］采用对状态和等价偏差联合估计的方法，并采用基于改进型贝叶斯算法的评价机制，对闭环控制的连续搅拌釜反应器中执行器和传感器早期微小故障诊断进行了研究，取得了很好的效果。针对未知干扰对于闭环系统故障诊断的影响，文献［45］基于

鲁棒观测器设计了针对执行器早期微小故障的诊断方案，并且实现了故障执行器的准确隔离。闭环控制的另一应用典型，是网络化控制系统中的早期故障检测和诊断问题在文献［46］中得到了研究和应用。上述方法的思路都是构造观测器或滤波器，与真实的系统输出生成残差量，再通过一定的评价机制对残差进行分析和判断，从而得出诊断的结果。但是很多基于此思路的诊断方法忽视了对于残差评价、决策以及阈值选择的研究，这二者往往与闭环系统故障诊断的准确率息息相关，文献［47］分别针对这两个问题展开研究，都具有较强的工程借鉴意义。

上述基于模型的闭环系统故障诊断方法几乎都是针对线性系统，且控制律和残差的构造能够完全解耦，在工程实际中具有较大的局限性，因此基于数据处理的闭环系统故障诊断算法被相继提出，其中，频域分析[48]、定性趋势分析、Hilber-Huang 变换等方法在实际闭环系统的故障诊断中都得到了实例验证。在基于先验知识和机器学习的方法中，模糊数学[49] 和神经网络[50] 的方法应用最为广泛，除此之外，基于最小支持向量机和多层感知机的方法在闭环故障诊断中也有涉及应用。上述基于先验知识和机器学习的诊断策略在电网系统、液体传输设备、气动阀门和感应电机等系统中都有相关的实例应用。

1.4 复合故障诊断研究现状

复合故障，也称为“多重故障”“并发故障”，是指两个或两个以上的系统变量或系统特性偏离正常范围的故障[51]。复合故障诊断的重点是故障的隔离和定位，因为在故障被分离之前，无法得知引起系统性能异常的原因是由单一故障引起还是由多个故障共同作用引起的。当前学术界对于复合故障诊断的研究主要分成：基于解析模型的方法、基于定性经验的方法、基于数据驱动的方法等几大类。

基于解析模型[52] 的复合故障诊断方法主要基于对单一故障诊断方法的拓展。例如，针对每种可能发生的故障（将其看作是若干个单发的故障）设计观测器，使得所设计的每个观测器只对特定的单一故障敏感，并对其他类型的故障鲁棒。这种设计思路的主要问题是没有考虑各种故障之间相互混杂、相互掩盖的特性，并且基于线性变换的方法很难实现复合故障从征兆到故障类型之间的映射，只能处理一些故障间无复杂耦合关系的简单情况。

基于定性经验的复合故障诊断主要利用先验知识来描述系统的功能结

构并建立用于逻辑推理的定性模型，通过与实际的系统进行对比，判断故障的发生与否。基于定性经验的复合故障诊断主要包括故障树分析、符号有向图理论[53]、符号键合图理论[54]、Petri 网理论、半监督学习理论[55]等定性分析手段。基于定性经验的复合故障诊断其主要的缺点是构造定性模型的工作量大，且繁复的故障组合会加大算法的复杂度，所以现有的结果大多基于特定的复合故障展开。与基于模型的方法相比，基于定性经验的方法还受故障规模、历史经验知识丰富程度的影响，所以在工程实际应用中所受到的限制更多。

基于数据驱动的复合故障诊断主要有基于统计分析、信号处理和定量人工智能的方法。此类方法可以利用所测信号提取和分析故障特征，或者依据采样数据或是历史数据直接进行诊断推理，可以弥补基于模型和基于定性经验方法的不足，成为复合故障诊断领域的研究热点。其中，基于统计分析的方法又可以细分为基于主成分分析[56]、贝叶斯理论[57]、有限元分析、动态偏最小二乘和推广策略概率因果模型[58] 的方法。而基于信号处理的方法可以细分为基于经验模态分解[59]、小波分析[60]、希尔伯特变换[61] 和近几年逐渐兴起的盲信号处理技术[62]。近几年，在基于定量人工智能的复合故障诊断中，出现了一些较为新颖的理论算法，例如，证据理论、人工免疫系统、蚁群算法[63]、云计算理论等，给复合故障诊断乃至整个故障诊断领域的研究注入了新鲜的血液。

1.5 高速列车牵引系统故障诊断研究现状

文献［64］列举了 CRH 动车组列车牵引传动控制系统中常见的故障及原因：变流器故障、牵引电机绝缘不良故障、整流模块故障、四轴牵引电机速度传感器故障等。文献［65］借鉴了复杂网络可靠性研究中抗毁性测度的概念，对 CRH 动车组牵引传动控制系统中的重要部件和冗余不足部件进行筛选，为整个牵引系统的可靠性设计提供理论依据。文献［66］将整个动车组牵引系统的故障按照结构层次分为系统级、分系统级、装置级和部件级四个等级，并指出常见的分系统级故障有牵引变压器、整流器、中间电路、PWM（Pulse Width Modulation）逆变器的故障。当牵引系统中的整流元件出现开路故障时，其输出电压的波形会有明显的畸变，所以可以利用基于信号处理的方法来进行故障的检测和定位。基于这一诊断思想，文献［67］将输出电压进行小波分解用以提

取故障的特征，再将能量特征值作为用于训练BP神经网络的输入参数，最后利用模式识别的方式完成故障的诊断，但是由于电网中谐波电压、白噪声电压以及电网波动的存在，使得整体的诊断精度有待进一步提高。文献［68］针对支持向量机在无限空间建立分类超平面容易导致误分类的问题，提出相应的改进策略，可有效地诊断电力机车整流装置的故障。文献［69］采用小波分析与神经网络相结合的方法，用以诊断变流器IGBT（Insulated Gate Bipolar Transistor）元件的短路故障。其中，小波分析用于故障特征的提取，同时充分利用神经网络的学习能力，获得故障特征与故障类型之间的非线性映射关系。文献［70］指出可以通过产生PWM谐波扭矩来辨识牵引电机转子槽破损故障。基于电力机车牵引电机故障前后系统动态特性的变化，文献［71］将递推最小二乘法应用于牵引电机匝间短路和接地短路故障的检测和识别。尽管上述文献对于电力机车牵引系统的故障做了大量的前期研究，但是针对牵引系统早期微小故障的检测和诊断的研究却未见报道。

1.6 本书的主要内容及结构安排

本书着眼于早期微小故障的检测和诊断（包括故障的隔离定位以及故障的估计/重构）方法的理论研究，并致力于所提方法在CRH动车组高速列车牵引控制系统中的应用。分别展开了理论研究和仿真验证，取得了较为理想的研究成果，给CRH动车组列车牵引系统微小故障诊断技术的工程实际应用提供了基础。本书各章节的内容安排如下。

第1章阐述了研究背景和意义，并基于工程应用背景提出了四个挑战性问题。接下来简单概述了早期微小故障诊断、闭环系统故障诊断、复合故障诊断以及针对电力机车牵引传动控制系统的故障诊断方法的研究现状，并指出现行方案的不足之处。

第2章详细论述了基于ToMFIR（Total Measurable Fault Information Residual）残差的线性定常系统早期执行器微小故障的检测，并将检测算法应用于高速列车悬挂系统的作动器小幅度性能失效的故障检测中。在此章节中，假设系统中干扰信号可测，在仿真中利用轨道谱密度表征轨道的不平顺。

第3章研究了具有执行器早期故障的T-S模糊系统的故障检测、隔离和估计问题，从理论上给出了执行器微小故障的可检测性条件，并通过扰动观测器的设计估计系统中的未知扰动。该章节的诊断算法应用于牵引电机控制系统中的驱动电路微小故障的诊断。

第 4 章研究了非线性系统中多个传感器微小故障并发情况下故障的检测和隔离问题，并就 CRH 动车组列车牵引电机控制系统中速度传感器、电流传感器微小故障并发的情况，展开算法的仿真验证。

第 5 章针对具有不确定性和输出噪声的非线性系统，基于广义系统理论和广义观测器设计理论，研究了执行器、传感器早期微小故障并发情况下的故障重构和输出噪声估计的问题。所提诊断算法应用于 CRH 动车组列车的变流器控制系统中，可以有效诊断出变流器输出电压突变的故障以及电流传感器微小的缓变故障。

第 6 章基于 CRH 动车组列车牵引电机定子绕组和转子绕组的早期微小故障模型，研究了牵引电机控制系统中早期本体故障（针对电机本体）的检测和定位问题，实现了定子绕组小范围绝缘击穿（5%绝缘层击穿）故障的检测和定位。

第 7 章总结了本书的主要工作，并对未来的研究方向进行了分析和展望。

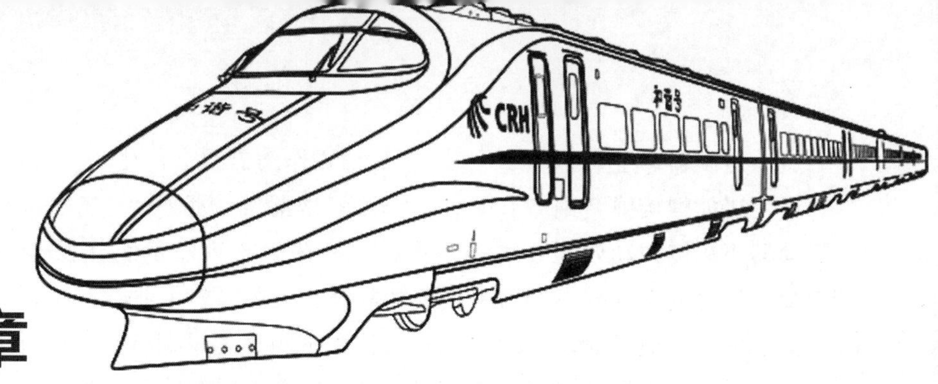

第2章 基于 ToMFIR 残差的执行器早期故障检测方法及应用

鉴于现代控制系统的结构和集成度日趋复杂，针对这类系统的故障检测、诊断以及容错控制变得十分困难，再加上随着系统运行时间的增长，执行器、传感器以及系统内部的元部件都会产生不同程度的性能衰退，易诱发缓慢时变型的故障，即早期微小故障。该种类型故障征兆微弱，且极易受到闭环控制器的补偿作用以及系统噪声的干扰，致使基于状态估计误差的传统故障检测、诊断方法失效。针对闭环控制系统的微小故障诊断问题，文献［72］的作者做了一些前期研究工作并给出了一些新颖的研究成果，但是没有形成系统的研究体系，且受限于保守的系统约束条件，相关理论很难直接应用于工程实际中。因此需要另辟蹊径，从理论层面给出解决方案。

本章基于 ToMFIR 残差的概念，系统地论述了线性定常系统中执行器早期微小故障的检测方法，从理论方法层面论述了基于观测器残差的方法为何不适用于早期微小故障的检测，以及如何修正观测器残差。ToMFIR 残差理论最早是在文献［73］中提出的，但是并没有就执行器故障、传感器故障和元器件级故障给出一套完整的故障检测体系，而且后期的工作大多集中于线性定常系统的故障检测，对于非线性系统以及故障的定位和重构等都没有相关的研究，使得该思想的工程化应用受到了极大的局限。本章节重点论述基于 ToMFIR 残差的线性系统执行器早期故障检测理论，其中故障的数学表示形式具有普适性，即包含加性、乘性以及多故障共发等特性，与原始文献相比，获得了一个更加一般的早期故障检测架构。

悬挂控制系统是 CRH 高速列车的重要组成部分，主要用于支撑列车车体以及转向架，同时隔绝由于轨道不平顺所产生的作用力，并保证车厢乘客的乘坐品质。随着列车在轨运行时间的增长，悬挂系统中的一些部件，例如螺旋弹簧、避震器、空气弹簧、主动/半主动式作动器都会产生一定程度的性能衰退，诱发诸如螺旋弹簧细微开裂、避震器轻微漏油/漏液、空气弹簧轻度漏气、作动器小幅度作动效能丧失等早期微小故障，给列车的行车安全带来潜在的危险。针对列车悬挂系统可能出现的故障，文献［74］提出了故障检测和性能监测的方法，但是对于上述所提到的征兆不明显的早期微小故障并未涉及，因此本章基于线性系统 ToMFIR 残差理论，针对动车组悬挂系统中主动式作动器小幅度作动效能丧失的早期微小故障进行检测，并获得了较为理想的仿真结果。

2.1 线性系统 ToMFIR 残差相关理论

2.1.1 线性定常系统的 ToMFIR 残差理论

考虑如下的线性定常系统 G 及其所对应的正则系统 G_0

$$G_0:\begin{cases}\dot{x}_0(t)=Ax_0(t)+Bu_0(t)\\ y_0(t)=Cx_0(t)\end{cases} \tag{2.1}$$

$$G:\begin{cases}\dot{x}(t)=Ax(t)+Bu(t)+\beta(t-T_0)D\theta_a[x(t),u(t)]\\ y(t)=Cx(t)\end{cases} \tag{2.2}$$

其中，$x_0(t)\in R^n$、$u_0(t)\in R^m$、$y_0(t)\in R^p$ 分别表示正则系统的状态、控制输入以及测量输出；$x(t)\in R^n$、$u(t)\in R^m$、$y(t)\in R^p$ 分别表示真实系统的状态、控制输入以及测量输出；$A\in R^{n\times n}$、$B\in R^{n\times m}$、$C\in R^{p\times n}$、$D\in R^{n\times q}$ 分别为适维的系统矩阵。从定性的角度分析，$\beta(t-T_0)D\theta_a[x(t),u(t)]$表征早期故障对于系统动态的影响，其中 $D\in R^{n\times q}$ 为故障分布矩阵，函数 $\beta(t-T_0)$用于描述未知时刻 T_0 所发生故障的变化趋势，其形式可以表示如下：

$$\beta(t-T_0)=\begin{cases}0 & t<T_0\\ 1-\mathrm{e}^{-\alpha_0(t-T_0)} & t\geqslant T_0\end{cases} \tag{2.3}$$

其中，标量 $\alpha_0>0$ 表示未知的故障演变速率。当 α_0 取值较小时，可以用来表征故障的缓变特性，即可以用于表示早期微小故障；当 α_0 取值较大时，$\beta(t-T_0)$趋近于阶跃函数，此时可以用来表示突变故障。而故障的其他特性，诸如频率、幅值等由故障函数 $\theta_a[x(t),u(t)]\in R^q$ 表示。因为故障是状态和控制输入的函数，所以这种表述形式可以表征加性、乘性甚至是复合故障。

根据式(2.1) 以及式(2.2) 中线性定常系统 G 及其所对应的正则系统 G_0 的定义，将正则系统的输出记作 $y_0(t)=G_0u_0(t)$，真实系统的输出记作

$y(t)=Gu(t)$。一般来说，由于故障以及系统扰动等因素，$G\neq G_0$，$u(t)\neq u_0(t)$。令 $y^{\otimes}(t)=G_0u(t)$，其中 $y^{\otimes}(t)$表示在真实控制输入 $u(t)$的驱动下正则系统 G_0 的输出。

定义 2.1：

$$\begin{aligned}ToMFIR(t)&=y(t)-y^{\otimes}(t)\\&=y(t)-y_0(t)+y_0(t)-y^{\otimes}(t)\\&=r_y(t)+G_0u_0(t)-G_0u(t)\\&=r_y(t)-G_0r_u(t)\end{aligned}\tag{2.4}$$

其中，输出残差 $r_y(t)=y(t)-y_0(t)$表征真实系统和正则系统输出的差异；控制器残差 $r_u(t)=u(t)-u_0(t)$表征闭环系统控制量的调节。定义 2.1 表明 ToMFIR 残差由输出残差和控制器残差两部分组成，通过进一步分析，可以得出如下结论：

① 系统控制器没有补偿掉的故障信息，体现在输出残差的变化上；

② 被系统控制器补偿掉的故障信息，体现在控制器残差的变化上。

2.1.2 线性定常系统的观测器残差理论

考虑式(2.2) 所示的线性定常系统 G，构造如下形式的状态观测器

$$\begin{cases}\dot{\hat{x}}(t)=A\hat{x}(t)+Bu(t)+L[y(t)-\hat{y}(t)]\\\hat{y}(t)=C\hat{x}(t)\end{cases}\tag{2.5}$$

其中观测器增益 L 保证矩阵（$A-LC$）稳定。令状态估计误差 $e_x(t)=x(t)-\hat{x}(t)$，则

$$\dot{e}_x(t)=(A-LC)e_x(t)+\beta(t-T_0)D\theta_a[x(t),u(t)]\tag{2.6}$$

令观测器残差 $r_{ob}(t)=y(t)-\hat{y}(t)=C[x(t)-\hat{x}(t)]$，则

$$r_{ob}(t)=Ce_x(t)=CD\int_{T_0}^{t}\mathrm{e}^{(A-LC)(t-\tau)}\beta(\tau-T_0)\theta_a[x(\tau),u(\tau)]\mathrm{d}\tau\tag{2.7}$$

式(2.7) 表明观测器残差是观测器增益 L 的函数，其值依赖于观测器增益 L 的选择。在工程实际系统中，观测器增益的选择需要考虑诸多因素，同时要兼顾状态估计的速度以及观测器残差对于故障的敏感度，因此观测器增益的选择是一种折中的考量，所以会产生如下两种情况。

① 基于观测器残差的误报：观测器残差超出了检测阈值 δ，但是系统实际上并未发生故障，残差的变化可能是由于工况变化所产生的系统波动，即 $r_{ob}(t)=y(t)-\hat{y}(t)>\delta$，同时 $ToMFIR(t)=y(t)-y^{\otimes}(t)\leqslant\delta$，其原因是（$A-LC$）选取得过于接近于 0。

② 基于观测器残差的漏报：在系统发生故障时，观测器残差仍未超出检测阈值 δ，即 $r_{ob}(t)=y(t)-\hat{y}(t)\leqslant\delta$，同时 $ToMFIR(t)=y(t)-y^{\otimes}(t)>\delta$，其原因是观测器增益 L 选择过大。

注释 2.1：通过上述分析，可得如下结论：小观测器增益对于观测器残差有“放大”作用，极易产生故障的误报；高观测器增益则会“压缩”观测器残差中的故障信息，会导致故障漏报的发生。特别是后一种情况，由于早期微小故障中的信息十分微弱，如果再被观测器增益“压缩”掉部分故障信息，将导致故障完全检测不出，而不依赖于观测器增益选择的 ToMFIR 残差就不存在这个问题。另外需要指出的是，一些早期微小故障由于特征微弱，或者系统控制器具有较好的容错能力，故障发生时系统性能仍在可允许的设计范围内。但是由于“带病运行”，系统的运行开销会增大，同时系统内部的元器件的寿命会大幅缩短，整个系统的可靠性会降低，基于 ToMFIR 残差的故障检测对于此类系统是一种有效的健康监测机制。

2.1.3 线性定常系统 ToMFIR 残差理论的拓展及其相关性质

2.1.3.1 线性定常系统鲁棒 ToMFIR 残差理论

尽管式(2.2)所示线性定常系统 G 不含有系统扰动和不确定性，但定义 2.1 仍然是 ToMFIR 残差的通用定义架构。当系统中包含有扰动或者不确定性时，记此时的线性定常系统为 G'，设计控制器 $u(t)=u_a(t)+u_b(t)$，其中控制量 $u_a(t)$ 用于维持诸如系统的稳定性、轨迹跟踪能力等系统性能，并且可以根据所发生的故障进行调节以保证系统的设计性能，当系统无故障时，$u_a(t)=u_0(t)$。$u_b(t)$ 是一个鲁棒控制器，用于抑制扰动、不确定性对于系统性能的影响。基于以上论述，可以给出当线性定常系统 G' 包含有扰动、不确定性时的 ToMFIR 残差的表述形式。

定义 2.2：

$$\begin{aligned}ToMFIR'(t)&=G'u(t)-G_0u_a(t)\\&=y'(t)-y_1^{\otimes}(t)\\&=y'(t)-y_0(t)+y_0(t)-y_1^{\otimes}(t)\\&=r'_y(t)+G_0u_0(t)-G_0u_a(t)\\&=r'_y(t)-G_0r'_u(t)\end{aligned}\tag{2.8}$$

当系统无故障，并且 $u_b(t)$ 可以完全抑制系统扰动和不确定性时，$r'_y(t)=r'_u(t)=0$。当系统有故障时，$r'_y(t)$ 或 $r'_u(t)$ 非零。

2.1.3.2 线性定常系统 ToMFIR 残差的近似计算理论

定理 2.1：针对线性定常系统（2.2），ToMFIR 残差的极限值与故障函数的极限值存在如下等式关系

$$\lim_{t\to\infty} ToMFIR(t) = -CA^{-1}D\lim_{t\to\infty}\beta(t-T_0)\theta_a[x(t),u(t)] \tag{2.9}$$

证明：定义状态残差 $r_x(t)=x(t)-x_0(t)$，其可以表征真实系统状态与正则系统状态的差异，又称作模型跟随误差，则可得如下误差动态系统

$$\begin{cases}\dot{r}_x(t)=Ar_x(t)+Br_u(t)+\beta(t-T_0)D\theta_a[x(t),u(t)]\\ r_y(t)=Cr_x(t)\end{cases} \tag{2.10}$$

令 $p(t)$、$b(t)$分别为控制量残差 $r_u(t)$驱动下正则系统 G_0 的状态和输出，则

$$\begin{cases}\dot{p}(t)=Ap(t)+Br_u(t)\\ b(t)=Cp(t)\end{cases} \tag{2.11}$$

$$\lim_{t\to\infty} b(t)=\lim_{t\to\infty} G_0 r_u(t)=-CA^{-1}B\lim_{t\to\infty} r_u(t) \tag{2.12}$$

根据式(2.10)

$$\lim_{t\to\infty} r_x(t)=-A^{-1}\{B\lim_{t\to\infty} r_u(t)+D\lim_{t\to\infty}\beta(t-T_0)\theta_a[x(t),u(t)]\} \tag{2.13}$$

所以

$$\lim_{t\to\infty} r_y(t)=-CA^{-1}B\lim_{t\to\infty} r_u(t)-CA^{-1}D\lim_{t\to\infty}\beta(t-T_0)\theta_a[x(t),u(t)] \tag{2.14}$$

根据式(2.10)～式(2.14)

$$\begin{aligned}\lim_{t\to\infty} ToMFIR(t)&=\lim_{t\to\infty} r_y(t)-\lim_{t\to\infty} G_0 r_u(t)\\ &=\lim_{t\to\infty} r_y(t)+CA^{-1}B\lim_{t\to\infty} r_u(t)\\ &=-CA^{-1}D\lim_{t\to\infty}\beta(t-T_0)\theta_a[x(t),u(t)]\end{aligned} \tag{2.15}$$

推论 2.1：根据式(2.15)，当故障缓慢趋近于一个常值时，$ToMFIR'(t)=r_y(t)+CA^{-1}Br_u(t)$的极限值趋近于 $ToMFIR(t)$的真值，此时 $ToMFIR'(t)$的值可以作为 ToMFIR 残差的近似替代，从而避免了对 $G_0 r_u(t)$的计算或仿真，在减轻计算、仿真负荷的同时保证了残差的精度。

2.1.3.3 基于 ToMFIR 残差理论的观测器残差修正

在一些特定的工程应用背景中，由于正则系统的初始条件未知，导致 $r_y(t)$ 较难计算，从而使得 ToMFIR 残差并不能直接获得，所以有必要基于 ToMFIR 残差理论对观测器残差进行相应的修正。

定理 2.2：针对线性定常系统(2.2) 以及状态观测器(2.5)，如果对观测器残差 $r_{ob}(t)$左乘矩阵 $M=I-CA^{-1}L$，其中 I 为适维的单位矩阵，则其极限值与 ToMFIR 残差的极限值存在如下关系：

$$\lim_{t\to\infty} Mr_{ob}(t)=\lim_{t\to\infty} ToMFIR(t) \tag{2.16}$$

证明：根据式(2.7) 以及式(2.15)

$$\begin{aligned}\lim_{t\to\infty} Mr_{ob}(t)&=-(I-CA^{-1}L)C(A-LC)^{-1}D\lim_{t\to\infty}\beta(t-T_0)\theta_a[x(t),u(t)]\\&=-C(I-A^{-1}LC)(A-LC)^{-1}D\lim_{t\to\infty}\beta(t-T_0)\theta_a[x(t),u(t)]\\&=-CA^{-1}(A-LC)(A-LC)^{-1}D\lim_{t\to\infty}\beta(t-T_0)\theta_a[x(t),u(t)]\\&=-CA^{-1}D\lim_{t\to\infty}\beta(t-T_0)\theta_a[x(t),u(t)]\\&=\lim_{t\to\infty} ToMFIR(t)\end{aligned} \tag{2.17}$$

注释 2.2：定理 2.2 给出了基于 ToMFIR 理论的观测器残差的修正，即使用 $Mr_{ob}(t)$替代原观测器残差作为新的故障指示器。修正后的残差 $r'_{ob}(t)=(I-CA^{-1}L)r_{ob}(t)$，当系统无故障时，$\lim_{t\to\infty} r'_{ob}(t)=0$；当系统中出现早期微小故障时，$\lim_{t\to\infty} r'_{ob}(t)=\lim_{t\to\infty} ToMFIR(t)=-CA^{-1}P$，其中 P 为早期微小故障的极限值或者为给定的故障的界。

2.2 CRH 悬挂系统作动器微小故障检测

2.2.1 CRH 高速列车悬挂系统建模

如图 2.1 所示，CRH 动车组的转向架主要由转向架架构、轮对、轴箱装置、一系悬挂、二系悬挂、牵引装置、驱动装置以及基础制动装置等部分构成[1]。一系悬挂装置设在轴箱和转向架构架之间，二系悬挂装置设在转向架构架和车体之间，由两者共同构成的悬挂系统是动车转向架构成中最重要的部分。需要指出的是，悬挂装置严格来说不属于高速列车牵引控制系统的范畴，但是由于 CRH 动车组列车的牵引电机直接采用如图 2.2 所示的转向架架悬方式，转向架部件的故障也会对牵引控制系统的运行品质直接造成影响，所以悬挂系统早期故障检测的研究具有重要意义。

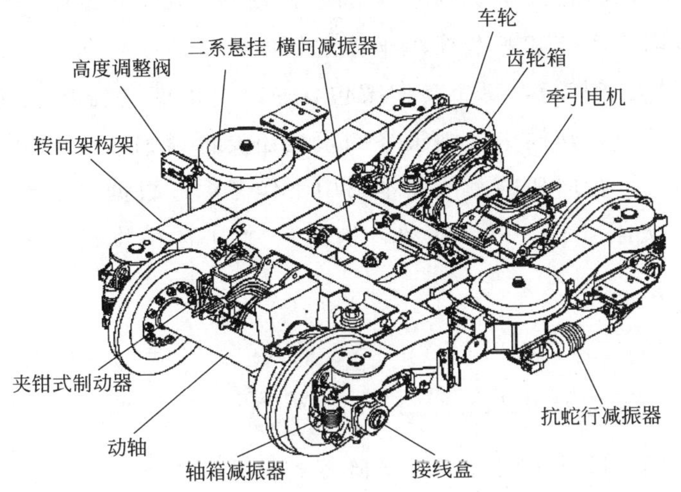

图 2.1　动车转向架的基本结构[1]

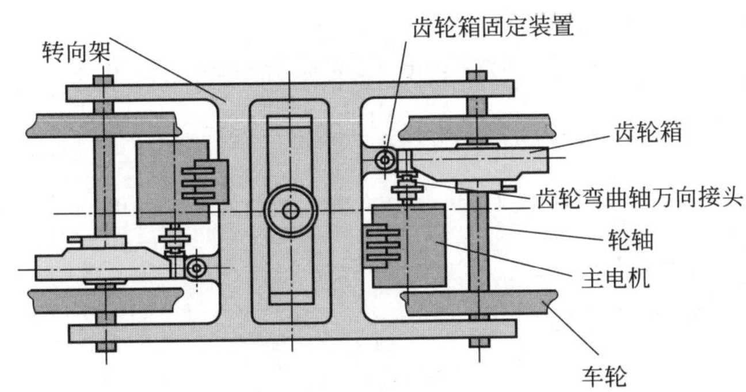

图 2.2　CRH 动车组牵引电机安装位置图（俯视图）[1]

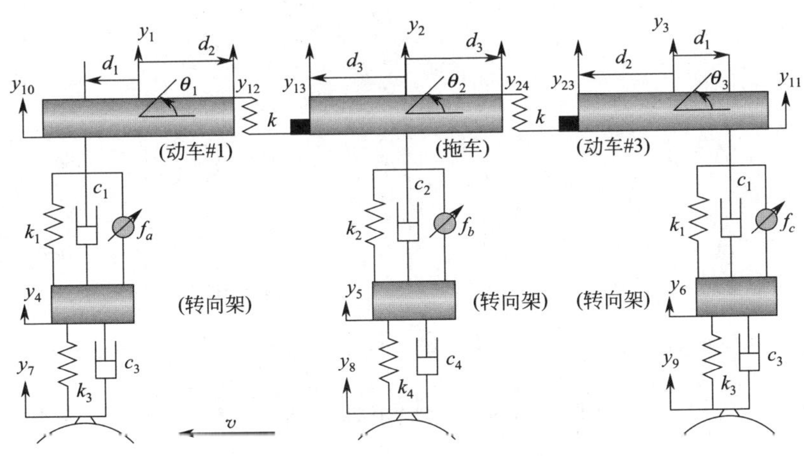

图 2.3　动车转向架的基本结构

本书所考虑的悬挂系统模型来源于“动-拖-动”的编组结构，即模型中包括两节动车车体和一节拖车车体。如图 2.3 所示，每节车体包含两个自由度（沉浮、侧倾），每个转向架包含一个自由度（沉浮），如果把转向架的侧倾也考虑在建模中，则最终的模型还要再增加 3 个自由度，考虑到建模的复杂度，转向架的侧倾在本书中不作考虑。根据文献［75］中的参考模型以及文献［1］中的参数，构造一个 9 自由度的悬挂动态系统，其中：

$$\begin{aligned} &y_{10}=y_1-d_1\theta_1, \quad y_{12}=y_1+d_2\theta_1, \quad y_{13}=y_2-d_3\theta_2 \\ &y_{24}=y_2+d_3\theta_2, \quad y_{23}=y_3-d_2\theta_3, \quad y_{11}=y_3+d_1\theta_3 \end{aligned} \tag{2.18}$$

车体的动态可以用如下的二阶矩阵等式表示：

$$M\ddot{q}+C\dot{q}+Kq=u_0 \tag{2.19}$$

$u_0=u_1+u_2$ 为总的系统输入，$u_1=[f_a \quad f_b \quad f_c \quad -d_1f_a \quad 0 \quad d_1f_c \quad -f_a \quad -f_b \quad -f_c]^{\mathrm{T}}$，其中 f_a、f_b 和 f_c 为二系悬挂中作动器的主动控制力；轨道不平顺所产生的高频振动是系统输入信号的另一部分，体现在 $u_2=[0 \quad 0 \quad 0 \quad 0 \quad 0 \quad 0 \quad k_3y_7+c_3\dot{y}_7 \quad k_4y_8+c_4\dot{y}_8 \quad k_3y_9+c_3\dot{y}_9]^{\mathrm{T}}$ 中；记增广状态为 $x_0=[q \quad \dot{q}]^{\mathrm{T}}$，其中 $q=[y_1 \quad y_2 \quad y_3 \quad \theta_1 \quad \theta_2 \quad \theta_3 \quad y_4 \quad y_5 \quad y_6]^{\mathrm{T}}$。则式(2.19)可以表示成如下的状态方程

$$\begin{cases} \dot{x}_0(t)=Ax_0(t)+Bu_0(t) \\ z_0(t)=Gx_0(t)+Hu_0(t) \end{cases} \tag{2.20}$$

其中，

$$A=\begin{bmatrix} 0_9 & I_9 \\ -M^{-1}K & -M^{-1}C \end{bmatrix}_{18\times 18} \qquad B=\begin{bmatrix} 0_9 \\ M^{-1} \end{bmatrix}_{18\times 9}$$

$$G=\begin{bmatrix} I_9 & 0_9 \\ 0_9 & I_9 \\ -M^{-1}K & -M^{-1}C \end{bmatrix}_{27\times 18} \qquad H=\begin{bmatrix} 0_9 \\ 0_9 \\ M^{-1} \end{bmatrix}_{27\times 9}$$

其中 M、C 和 K 分别为惯性矩阵、阻尼矩阵和刚度矩阵，形式如下所示

$$M=diag(m_p, m_t, m_p, I_p, I_t, I_p, m_{pb}, m_{tb}, m_{pb})$$

$$C=\begin{bmatrix} c_5 & 0 & 0 & -c_5d_1 & 0 & 0 & 0 & 0 & 0 \\ 0 & c_6 & 0 & 0 & 0 & 0 & 0 & 0 & 0 \\ 0 & 0 & c_7 & 0 & 0 & c_7d_1 & 0 & 0 & 0 \\ -c_5d_1 & 0 & 0 & c_5d_1^2 & 0 & 0 & 0 & 0 & 0 \\ 0 & 0 & 0 & 0 & 0 & 0 & 0 & 0 & 0 \\ 0 & 0 & c_7d_1 & 0 & 0 & c_7d_1^2 & 0 & 0 & 0 \\ -c_5 & 0 & 0 & c_5d_1 & 0 & 0 & c_3 & 0 & 0 \\ 0 & -c_6 & 0 & 0 & 0 & 0 & 0 & c_4 & 0 \\ 0 & 0 & -c_7 & 0 & 0 & -c_7d_1 & 0 & 0 & c_3 \end{bmatrix}$$

$$K=\begin{bmatrix} k_5+k & -k & 0 & -k_5d_1+kd_2 & kd_3 & 0 & 0 & 0 & 0 \\ -k & k_6+2k & -k & -kd_2 & 0 & kd_2 & 0 & 0 & 0 \\ 0 & -k & k_7+k & 0 & -kd_3 & k_7d_1-kd_2 & 0 & 0 & 0 \\ -k_5d_1+kd_2 & -kd_2 & 0 & k_5d_1^2+kd_2^2 & kd_2d_3 & 0 & 0 & 0 & 0 \\ kd_3 & 0 & -kd_3 & kd_2d_3 & 2kd_3^2 & kd_2d_3 & 0 & 0 & 0 \\ 0 & kd_2 & k_7d_1-kd_2 & 0 & kd_2d_3 & k_7d_1^2+kd_2^2 & 0 & 0 & 0 \\ -k_5 & 0 & 0 & k_5d_1 & 0 & 0 & k_3 & 0 & 0 \\ 0 & -k_6 & 0 & 0 & 0 & 0 & 0 & k_4 & 0 \\ 0 & 0 & -k_7 & 0 & 0 & -k_7d_1 & 0 & 0 & k_3 \end{bmatrix}$$

其中（k_5，c_5）、（k_6，c_6）和（k_7，c_7）分别是对应于第一节动车转向架、拖车转向架和第二节动车转向架的弹簧弹性系数和阻尼器的阻尼常数。其他状态变量的物理意义以及 CRH 高速列车悬挂系统的主要参数详见表 2.1 和表 2.2。

表 2.1　状态变量物理意义

f_a，f_b，f_c	作动器的主动控制力
y_1	第一节动车车体质心的垂向位移
y_2	拖车车体质心的垂向位移
y_3	第二节动车车体质心的垂向位移
y_4	第一节动车转向架质心的垂向位移
y_5	拖车转向架质心的垂向位移

续表

y_6	第二节动车转向架质心的垂向位移
y_7	作用于第一节动车转向架的轨道垂向不平顺信号
y_8	作用于拖车转向架的轨道垂向不平顺信号
y_9	作用于第二节动车转向架的轨道垂向不平顺信号
θ_1	第一节动车车体质心的俯仰角
θ_2	拖车车体质心的俯仰角
θ_3	第二节动车车体质心的俯仰角
y_{10}	第一节动车车体悬挂位置的垂向位移
y_{12}	第一节动车车体后部位置的垂向位移
y_{13}	拖车车体前部位置的垂向位移
y_{24}	拖车车体后部位置的垂向位移
y_{11}	第二节动车车体悬挂位置的垂向位移
y_{23}	第二节动车车体后部位置的垂向位移

表 2.2　CRH 动车组悬挂系统参数

符号	描　　述	数值	单位
m_p	动车车体的质量	48000	kg
I_p	动车车体的俯仰惯性	71000	kg・m²
m_t	拖车车体的质量	42800	kg
I_t	拖车车体的俯仰惯性	6000	kg・m²
m_{pb}	动车转向架的质量	7360	kg
m_{tb}	拖车转向架的质量	6800	kg
k	弹簧弹性系数	163000	N/m
d_1	动车车体质心与悬挂位置之间的距离	9.5	m
d_2	动车车体质心与后部位置之间的距离	12.5	m
d_3	拖车车体质心与末端位置之间的距离	15.1	m
k_1	动车车体二系悬挂的弹簧弹性系数	560000	N/m
k_2	拖车车体二系悬挂的弹簧弹性系数	1092000	N/m
k_3	动车转向架二系悬挂的弹簧弹性系数	2400000	N/m
k_4	拖车转向架二系悬挂的弹簧弹性系数	3864000	N/m
c_1	动车车体二系悬挂的阻尼器阻尼常数	29584	N・s/m
c_2	拖车车体二系悬挂的阻尼器阻尼常数	50205	N・s/m
c_3	动车转向架二系悬挂的阻尼器阻尼常数	11883	N・s/m
c_4	拖车转向架二系悬挂的阻尼器阻尼常数	176673	N・s/m

在式(2.20)所示的悬挂动态系统中，状态变量 $x_0=[q\quad \dot{q}]^{\mathrm{T}}$ 的维数为18，其中 x_{01}、$x_{02}\cdots x_{06}$ 分别表征车体的垂向位置和俯仰角；x_{07}、x_{08} 和 x_{09} 分别表示转向架的垂向位置；x_{010}、$x_{011}\cdots x_{018}$ 分别为 x_{01}、$x_{02}\cdots x_{09}$ 的导数。输出向量 $z_0(t)$ 的维数为27，其中 z_{01}、$z_{02}\cdots z_{018}$ 分别对应 x_{01}、$x_{02}\cdots x_{018}$，z_{019}、$z_{020}\cdots z_{027}$ 分别为车体的垂向加速度、角加速度以及转向架的垂向加速度。

在1号动车中，主动控制力 f_a 设计如下：

$$\begin{aligned} f_a &= f_{a1}+f_{a2}+f_{a3} \\ &= k_1(y_{10}-y_4)+c_1(\dot{y}_{10}-\dot{y}_4)-k_5(y_{10}-y_7)-c_5\dot{y}_{10} \end{aligned} \tag{2.21}$$

其中 f_{a1} 用以平衡被动弹簧力（由 k_1 产生）和阻尼力（由 c_1 产生）；f_{a2}、f_{a3} 分别用以平衡 k_5 产生的弹簧力以及 c_5 产生的阻尼力。

同理，在2号拖车和3号动车中，主动控制力设计如下：

$$\begin{aligned} f_b &= f_{b1}+f_{b2}+f_{b3} \\ &= k_2(y_2-y_5)+c_2(\dot{y}_2-\dot{y}_5)-k_6(y_2-y_8)-c_6\dot{y}_2 \end{aligned} \tag{2.22}$$

$$\begin{aligned} f_c &= f_{c1}+f_{c2}+f_{c3} \\ &= k_1(y_{11}-y_6)+c_1(\dot{y}_{11}-\dot{y}_6)-k_7(y_{11}-y_9)-c_7\dot{y}_{11} \end{aligned} \tag{2.23}$$

用式(2.20)中定义的状态表示 f_a、f_b 和 f_c，则式(2.21)～式(2.23)可以重新表述如下：

$$\begin{aligned} f_a &= (k_1-k_5)x_{01}+(k_5d_1-k_1d_1)x_{04}-k_1x_{07}+(c_1-c_5)\dot{x}_{01}+ \\ &\quad (c_5d_1-c_1d_1)\dot{x}_{04}-c_1\dot{x}_{07}+k_5d(t) \\ f_b &= (k_2-k_6)x_{02}-k_2x_{08}+(c_2-c_6)\dot{x}_{02}-c_2\dot{x}_{08}+k_6d(t) \\ f_c &= (k_1-k_7)x_{03}+(k_1d_1-k_7d_1)x_{06}-k_1x_{09}+(c_1-c_7)\dot{x}_{03}+ \\ &\quad (c_1d_1-c_7d_1)\dot{x}_{06}-c_1\dot{x}_{09}+k_7d(t) \end{aligned} \tag{2.24}$$

定理2.3：为保证主动式悬挂系统的性能，针对状态方程(2.20)所示的悬挂系统设计如下的状态反馈控制器

$$u_0(t)=K_cx(t)+vu_2(t) \tag{2.25}$$

其中 K_c 为控制器增益矩阵，向量 $v=[k_5\quad k_6\quad k_7\quad -k_5d_1\quad 0\quad k_7d_1\quad -k_5\quad -k_6\quad -k_7]^{\mathrm{T}}$。如果存在适维的正定矩阵 $P>0$，满足

$$\|u_2(t)\|\leqslant\sqrt{\frac{\lambda\min(Q)}{\|(B+Bv)^{\mathrm{T}}P(B+Bv)\|}}\|x_0(t)\| \tag{2.26}$$

其中 $-Q=(A+BK_c)^{\mathrm{T}}P+P(A+BK_c)+P$，则式(2.20)所示的动态系统稳定。

证明：考虑如下形式的 Lyapunov 方程：

$$V(t)=x_0^{\mathrm{T}}(t)Px_0(t) \tag{2.27}$$

则

$$\begin{aligned}\dot{V}(t)&=\dot{x}_0^{\mathrm{T}}(t)Px_0(t)+x_0^{\mathrm{T}}(t)P\dot{x}_0(t)\\&=[x_0^{\mathrm{T}}(t)(A+BK_c)^{\mathrm{T}}+u_2^{\mathrm{T}}(t)(B+Bv)^{\mathrm{T}}]Px_0(t)+\\&\quad x_0^{\mathrm{T}}(t)P[(A+BK_c)x_0(t)+(B+Bv)u_2(t)]\\&=x_0^{\mathrm{T}}(t)[(A+BK_c)^{\mathrm{T}}P+P(A+BK_c)]x_0(t)+\\&\quad x_0^{\mathrm{T}}(t)P(B+Bv)u_2(t)+u_2^{\mathrm{T}}(t)(B+Bv)^{\mathrm{T}}Px_0(t)\end{aligned} \tag{2.28}$$

根据 I. R. Petersen 不等式，$\forall P>0$，X，$Y\in R^{n\times m}$，则

$$X^{\mathrm{T}}Y+Y^{\mathrm{T}}X\leqslant\varepsilon X^{\mathrm{T}}X+\varepsilon^{-1}Y^{\mathrm{T}}Y \tag{2.29}$$

令 $X=P^{\frac{1}{2}}X'$，$Y=P^{-\frac{1}{2}}Y'$，则

$$(X')^{\mathrm{T}}Y'+(Y')^{\mathrm{T}}X'\leqslant(X')^{\mathrm{T}}PX'+(Y')^{\mathrm{T}}P^{-1}Y' \tag{2.30}$$

$$\begin{aligned}\therefore\quad \dot{V}(t)&\leqslant x_0^{\mathrm{T}}(t)[(A+BK_c)^{\mathrm{T}}P+P(A+BK_c)]x_0(t)+x_0^{\mathrm{T}}(t)Px_0(t)+\\&\quad u_2^{\mathrm{T}}(t)(B+Bv)^{\mathrm{T}}PP^{-1}P(B+Bv)u_2(t)\\&=x_0^{\mathrm{T}}(t)[(A+BK_c)^{\mathrm{T}}P+P(A+BK_c)+P]x_0(t)+\\&\quad u_2^{\mathrm{T}}(t)(B+Bv)^{\mathrm{T}}P(B+Bv)u_2(t)\\&=-x_0^{\mathrm{T}}(t)Qx_0(t)+u_2^{\mathrm{T}}(t)(B+Bv)^{\mathrm{T}}P(B+Bv)u_2(t)\end{aligned} \tag{2.31}$$

若式(2.26) 成立，则 $u_2^{\mathrm{T}}(t)(B+Bv)^{\mathrm{T}}P(B+Bv)u_2(t)\leqslant\left\|(B+Bv)^{\mathrm{T}}P(B+Bv)\right\|\|u_2(t)\|^2\leqslant\lambda\min(Q)\|x_0(t)\|^2$。

根据式(2.27)～式(2.31)，则$\dot{V}(t)\leqslant0$。

2.2.2 轨道垂向不平顺建模

在式(2.20) 所示的悬挂动态系统中，轨道的垂向不平顺（高低不平顺）是系统外部激励中的重要组成部分，虽然可以通过实测路线轨道获得，但是这种方法的工作量繁复且成本代价高，所以通行的办法是用功率谱密度（Power Spectral Density，PSD），也称作轨道谱，来分析和描述轨道的不平顺信号。

轨道谱密度图是通过大量的前期采样实测拟合而成的，针对列车的速度等级，目前国际上较为通用的是美国常速五级轨道不平顺功率谱和德国低干扰高速轨道不平顺功率谱，后者适用于设计时速 250km/h 以上的高速铁路。由于我国在铁路轨道谱图方面的工作相对滞后，针对现行 CRH 动车组高速列车的高速铁路轨道谱图更是空白，所以本书选取德国低干扰高速轨道不平顺功率谱

作为系统的模拟激励信号，其高低不平顺功率谱的拟合表达式为：

$$S_v(\Omega)=\frac{A_v\Omega_c^2}{(\Omega^2+\Omega_r^2)(\Omega^2+\Omega_c^2)} \tag{2.32}$$

其中，轨道不平顺的空间频率 $\Omega=2\pi f/V$，f 表示时间频率，V 表示列车的在轨速度。其他各参数的物理含义和数值详见表 2.3。

表 2.3　轨道不平顺功率谱参数

符号	描述	数值	单位
Ω_c	截断频率	0.8246	rad/m
Ω_r	截断频率	0.0206	rad/m
A_v	粗糙度常数	4.032×10^{-7}	$m^2\cdot$rad/m

虽然轨道谱函数可以作为悬挂动态系统的外部激励，但是只有在线性随机振动频域分析时才能直接输入，而解决非线性随机振动问题的方法是获取激励信号的时域样本，所以针对轨道不平顺随机过程的数值模拟是必不可少的。目前常见的数值模拟方法主要包括二次滤波法、白噪声滤波法、三角级数法等。无论是哪一种数值模拟方法，其基本思想都是类似的，即利用时频转换的方法，将轨道不平顺功率谱转换成一段足够长的时域样本来代表整个随机过程。本章所选取的模拟方法首先对功率谱密度函数离散采样，获得时间序列的 Fourier 频谱 $X(k)$，然后通过 Fourier 逆变换得到垂向不平顺（高低不平顺）的激扰函数 $X(t)$。

定理 2.4：离散化的功率谱密度与时间序列的 Fourier 频谱存在如下的等式关系

$$S_{XX}(k)=\frac{1}{N^2}|D(X_s)|^2=\frac{1}{N^2}[X^*(k)X(k)] \tag{2.33}$$

其中，N 为采样点的总个数；$S_{XX}(k)$ 为离散化后的轨道谱；对时间序列 X_s 作离散 Fourier 变换记为 $D(X_s)$；$X(k)$ 为时间序列的 Fourier 频谱；$X^*(k)$ 为 $X(k)$ 的共轭转置。

证明：设采样间隔为 Δ，总采样时间为 $T=N\Delta$，记总时间序列为 $\{X_s\}$，$s=0,1,\cdots,(N-1)$，记相关函数的时滞 $\tau=r\Delta,r=0,1,\cdots,(N-1)$，则

$$R_{XX}(\tau)=\frac{1}{T}\int_0^T X(t)X(t+\tau)\mathrm{d}t \tag{2.34}$$

$$R_r=R_{XX}(\tau=r\Delta)=\frac{1}{N}\sum_{s=0}^{N-1}X_sX_{s+r} \tag{2.35}$$

令 $f=k\dfrac{1}{T}$，则有如下推论

$$S_{XX}(f)\Leftrightarrow R_{XX}(\tau)\Rightarrow S_{XX}(k)=\frac{1}{T}S_{XX}\left(f=k\ \frac{1}{T}\right)=\frac{1}{N}\sum_{r=0}^{N-1}R_r\exp\left[-i\left(k\ \frac{2\pi}{N}\right)r\right] \tag{2.36}$$

进一步地

$$\begin{aligned}S_{XX}(k)&=\frac{1}{N}\sum_{r=0}^{N-1}\left\{\frac{1}{N}\sum_{s=0}^{N-1}X_sX_{s+r}\right\}\exp\left[-i\left(k\ \frac{2\pi}{N}\right)r\right]\\&=\left\{\frac{1}{N}\sum_{s=0}^{N-1}X_s\exp\left[i\left(k\ \frac{2\pi}{N}\right)s\right]\right\}\left\{\frac{1}{N}\sum_{r=0}^{N-1}X_{s+r}\exp\left[-i\left(k\ \frac{2\pi}{N}\right)(s+r)\right]\right\}\end{aligned} \tag{2.37}$$

令 $j=r+s$，则有

$$\begin{aligned}\sum_{r=0}^{N-1}X_{s+r}\exp\left[-i\left(k\ \frac{2\pi}{N}\right)(s+r)\right]&=\sum_{j=s}^{(N-1)+s}X_j\exp\left[-i\left(k\ \frac{2\pi}{N}\right)j\right]\\&=\sum_{j=0}^{N-1}X_j\exp\left[-i\left(k\ \frac{2\pi}{N}\right)j\right]\end{aligned} \tag{2.38}$$

综上所述，所以有

$$\begin{aligned}S_{XX}(k)&=\left\{\frac{1}{N}\sum_{s=0}^{N-1}X_s\exp\left[i\left(k\ \frac{2\pi}{N}\right)s\right]\right\}\left\{\frac{1}{N}\sum_{j=0}^{N-1}X_j\exp\left[-i\left(k\ \frac{2\pi}{N}\right)j\right]\right\}\\&=\frac{1}{N^2}|DFT[X_s]|^2=\frac{1}{N^2}[X^*(k)X(k)]\end{aligned} \tag{2.39}$$

式(2.39) 表明，轨道谱函数在离散的采样点上与信号的频谱有一个确定的关系，所以只要能在离散化采样的轨道谱函数中构造出时间序列的 Fourier 频谱 $X(k)$，并对其进行 Fourier 逆变换就可以得到序列化的时序信号 $X(t)$，

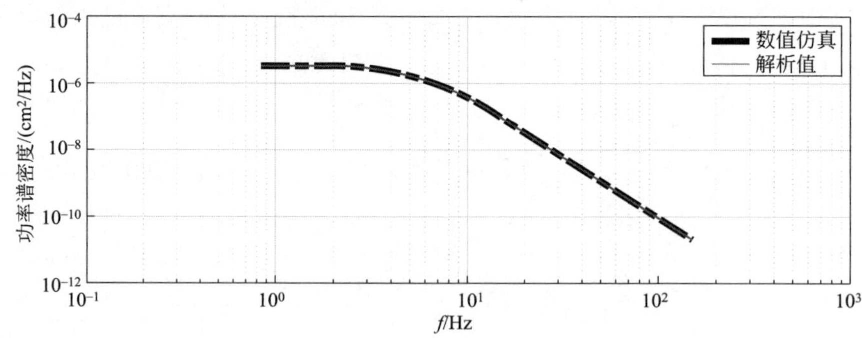

图 2.4　轨道谱解析值与模拟值的比较

即为悬挂动态模型中的垂向激扰信号。

如图 2.4 所示，模拟出的高速轨道功率谱密度函数的曲线（虚线）与轨道谱的解析曲线（实线）高度吻合，因此图 2.5 所示的随机振动信号作为轨道高低不平顺的数值模拟，精确地模拟出了高速轨道不平顺的真实激励信号，可以为式(2.20) 所示的高速列车悬挂动态系统的实验室仿真提供输入激励参考。

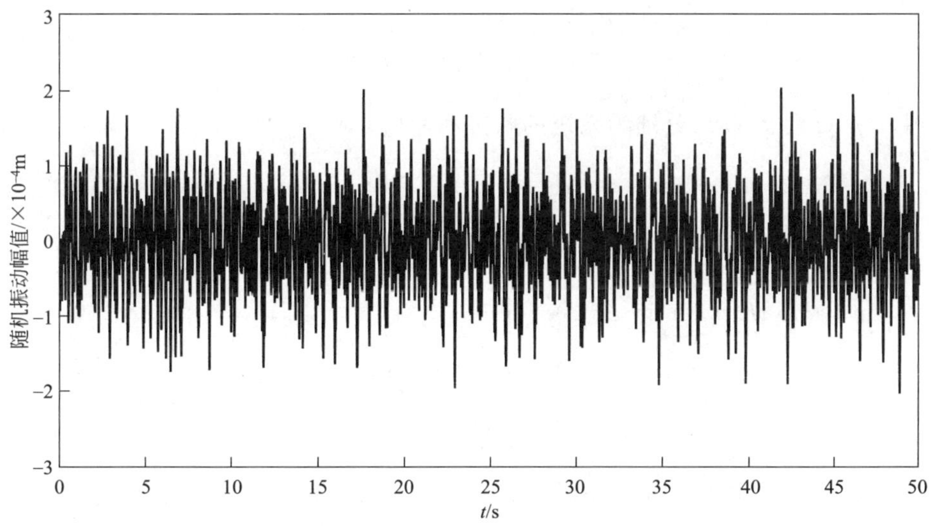

图 2.5　轨道垂向不平顺（高低不平顺）的数值模拟

2.2.3　仿真验证

2.2.3.1　基于 CRH 悬挂系统执行器故障的 ToMFIR 残差分析

假设式(2.20) 所示的悬挂动态系统发生早期微小的执行器故障，记故障下的状态方程为

$$\begin{cases} \dot{x}(t)=Ax(t)+Bu(t)+\beta(t-T_0)D\theta_a[x(t),u(t)] \\ z(t)=Gx(t)+Hu(t) \end{cases} \tag{2.40}$$

根据式(2.10) 中的定义，模型跟随误差可以表示成如下形式

$$\begin{cases} \dot{r}_x(t)=Ar_x(t)+Br_u(t)+\beta(t-T_0)D\theta_a[x(t),u(t)] \\ r_z(t)=Gr_x(t)+Hr_u(t) \end{cases} \tag{2.41}$$

由于 $r_x(T_0)=0$，所以

$$r_x(t)=\int_{T_0}^{t} e^{A(t-\tau)}Br_u(\tau)d\tau+D\int_{T_0}^{t} e^{A(t-\tau)}\beta(\tau-T_0)\theta_a[x(\tau),u(\tau)]d\tau \tag{2.42}$$

由于式(2.20) 所示的悬挂动态系统包含扰动信号（轨道的垂向不平顺），根据式(2.8) 鲁棒 ToMFIR 残差理论，记控制量残差 $r_u(t)$ 驱动下的正则系统形式为

$$\begin{cases}\dot{p}'(t)=Ap'(t)+Br_u(t)\\ b'(t)=Gp'(t)+Hr_u(t)\end{cases} \tag{2.43}$$

其中，$p'(t)$、$b'(t)$ 分别为系统的状态和输出。则

$$\lim_{t\to\infty}b'(t)=\lim_{t\to\infty}G_0r_u(t)=-GA^{-1}B\lim_{t\to\infty}r_u(t)+H\lim_{t\to\infty}r_u(t) \tag{2.44}$$

根据定理 2.1，有

$$\begin{aligned}\lim_{t\to\infty}ToMFIR(t)&=\lim_{t\to\infty}r_z(t)-\lim_{t\to\infty}G_0r_u(t)\\&=\lim_{t\to\infty}r_z(t)+GA^{-1}B\lim_{t\to\infty}r_u(t)-H\lim_{t\to\infty}r_u(t)\\&=-GA^{-1}D\lim_{t\to\infty}\beta(t-T_0)\theta_a[x(t),u(t)]\end{aligned} \tag{2.45}$$

根据推论 2.1 中的近似计算理论，在以下的仿真过程中，$ToMFIR'(t)=r_z(t)+(GA^{-1}B-H)r_u(t)$ 将作为 ToMFIR 残差的近似替代以表征故障检测残差。

2.2.3.2 故障注入及仿真结果

在本节中，构造了基于 Matlab/Simulink 的 CRH 动车组高速列车悬挂系统的仿真模块，其中包括轨道的垂向不平顺性、加性/乘性执行器故障（故障部位为提供主动力 f_a、f_b 和 f_c 的作动器）、基于状态反馈的主动力控制等，用以验证基于 ToMFIR 残差的早期微小故障检测机制的效果。另外，对比基于观测器残差的故障检测方法，本书所提出的针对闭环控制系统的早期故障检测方法在实时性（对故障的敏感度）、准确性方面都有明显的优势。

图 2.6 所示为无故障情况下，CRH 高速列车悬挂系统的输出响应，其中 z_{019} 为第一节动车车体的垂向加速度；z_{020} 为拖车车体的垂向加速度；z_{021} 为第二节动车车体的垂向加速度；z_{022} 为第一节动车车体的角加速度；z_{023} 为拖车车体的角加速度；z_{024} 为第二节动车车体的角加速度；z_{025} 为第一节动车转向架的垂向加速度；z_{026} 为拖车转向架的垂向加速度；z_{027} 为第二节动车转向

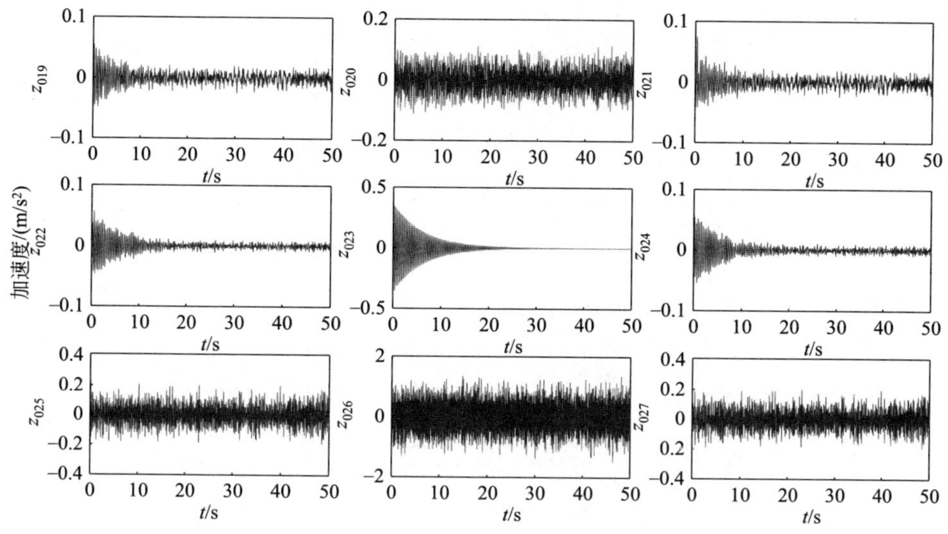

图 2.6　CRH 动车组列车主动式悬挂系统的输出响应

架的垂向加速度。从图中可以发现，采用闭环控制结构的主动式悬挂系统表现出较为优异的动态性能。

式(2.2) 中故障 $\theta_a[x(t),u(t)]$是状态和控制输入的函数，由于这种表述形式既可以表征加性故障，也可以表征乘性故障，所以本书同时考虑这两种类型的执行器故障，并设置如下两种故障形式

情况 1 (乘性执行器故障)：$T_0=15\text{s}$，$\alpha_0=0.4$，$\theta_a(t)=\sigma u_1(t)$，其中 $\sigma=-0.01$。

以上故障参数设置用以表征系统在第 15s 时，控制输入 $u_1(t)$ 缓慢失效 1%的效能，其中 $u_1(t)$ 由作动器 f_a、f_b 和 f_c 产生。故障原因为主动式作动器 f_a、f_b 和 f_c 中的一个或多个发生早期微小的执行器性能衰减。后期随着故障的演变和进一步的加剧，$\sigma'=-0.1$ 用以表征性能失效的比例达到 10%。

情况 2 (加性执行器故障)：$T_0=15\text{s}$，$\alpha_0=0.2$，$\theta_a(t)=50\cos(0.2\pi t)$。

以上故障参数设置用以表征系统在第 15s 时，控制输入 $u_1(t)$ 发生一个缓慢变化的小幅度漂移，用以表征悬挂系统中主动式作动器 f_a、f_b 和 f_c 中的一个或多个发生早期微小的执行器性能漂移。

图 2.7 和图 2.8 为基于观测器残差的故障检测仿真结果。从图 2.7 中，可以看出当执行器失效效能比例为 1%的时候，观测器残差几乎没有任何变化，因此故障也无法被检测出。当执行器失效效能比例逐步加剧至 10%时，观测

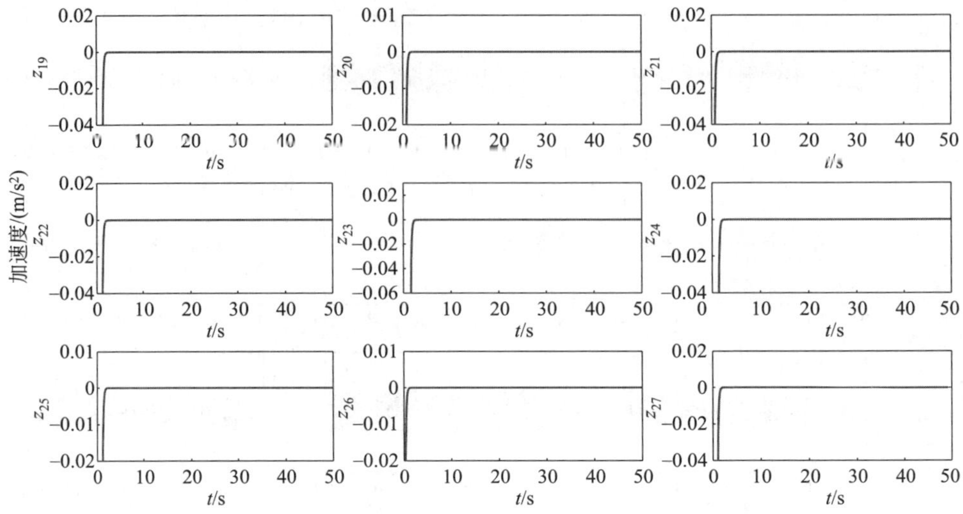

图 2.7 基于观测器残差的故障检测（情况 1，失效 1%）

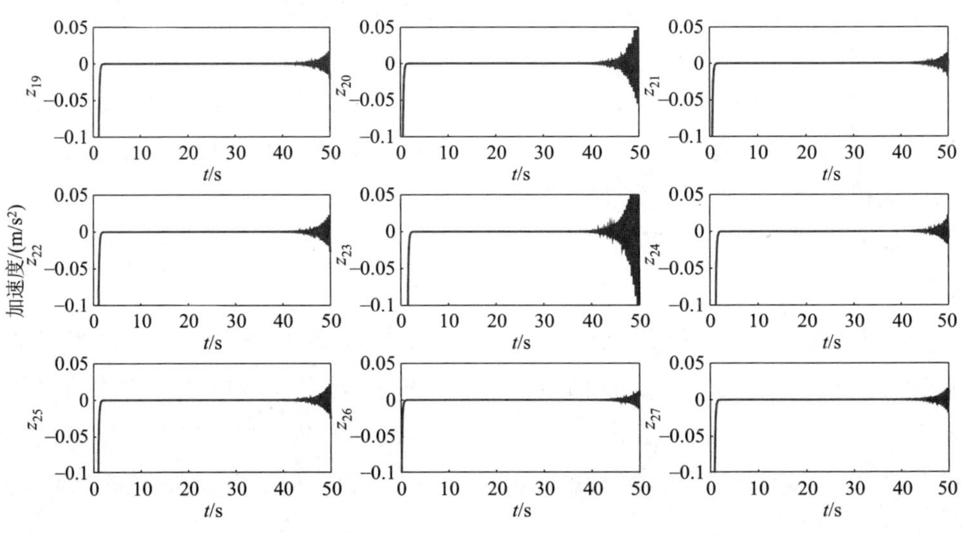

图 2.8 基于观测器残差的故障检测（情况 1，失效 10%）

器残差才有一点微弱的变化。但是由于闭环反馈控制器对于故障影响的抑制作用，残差产生变化的时刻大大滞后于故障的真实发生时刻，使得故障无法被及时发现，故障检测的时效性较差。

图 2.9～图 2.12 所示为基于 ToMFIR 残差的故障检测仿真结果。对比观测器残差，在故障参数设置相同的情况下，ToMFIR 残差由于包含更多的故障信息（增加了控制量残差信息），所以残差的变化也更为明显。

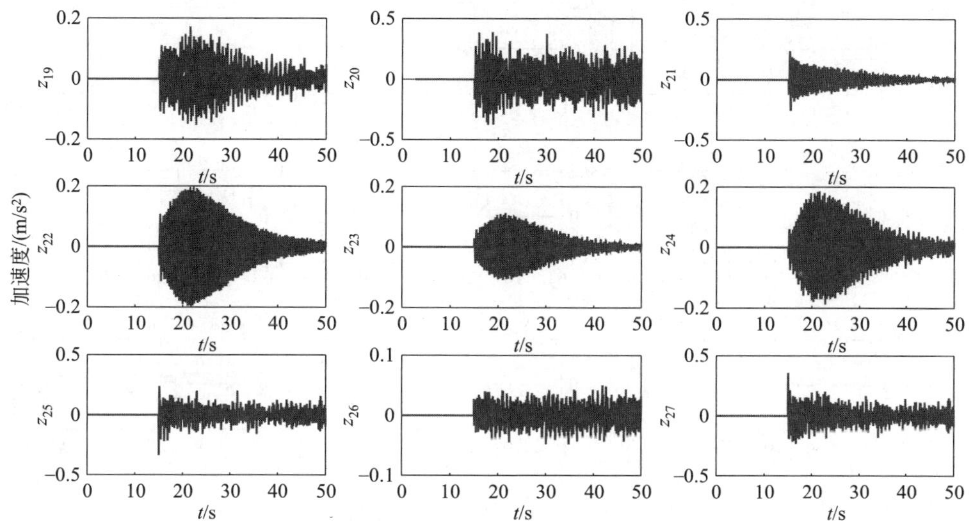

图 2.9 基于 ToMFIR 残差的故障检测（情况 1，失效 1%）

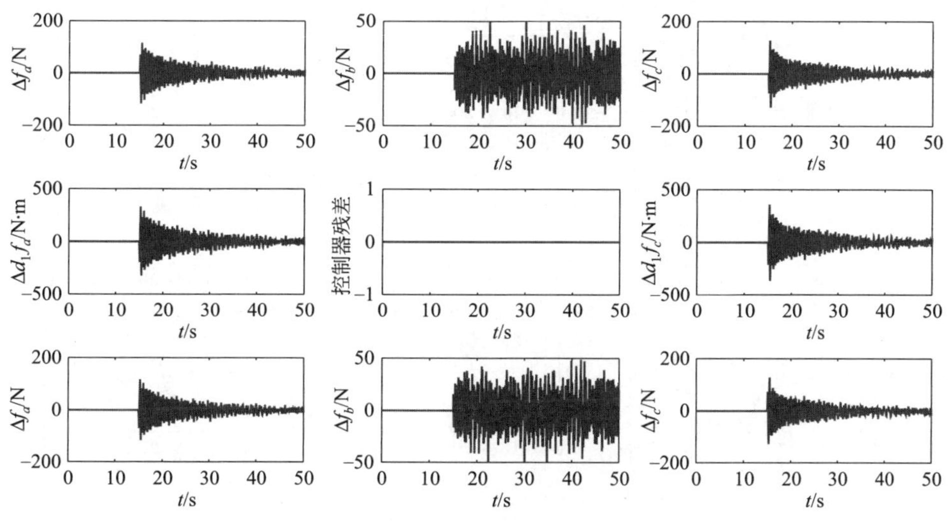

图 2.10 控制量残差（情况 1，失效 1%）

如图 2.9 和图 2.11 所示，基于 ToMFIR 残差的故障检测方法，不受闭环控制结构的影响。对于执行器来说，无论是加性微小故障还是乘性微小故障，都能在故障发生的初始时刻将其检测出来。图 2.10 和图 2.12 分别为两种故障情况下的控制量残差，即被控制器补偿了的那部分故障信息，正是由于这部分故障信息的补缺，才保证了基于 ToMFIR 残差的早期故障检测的优越性能。

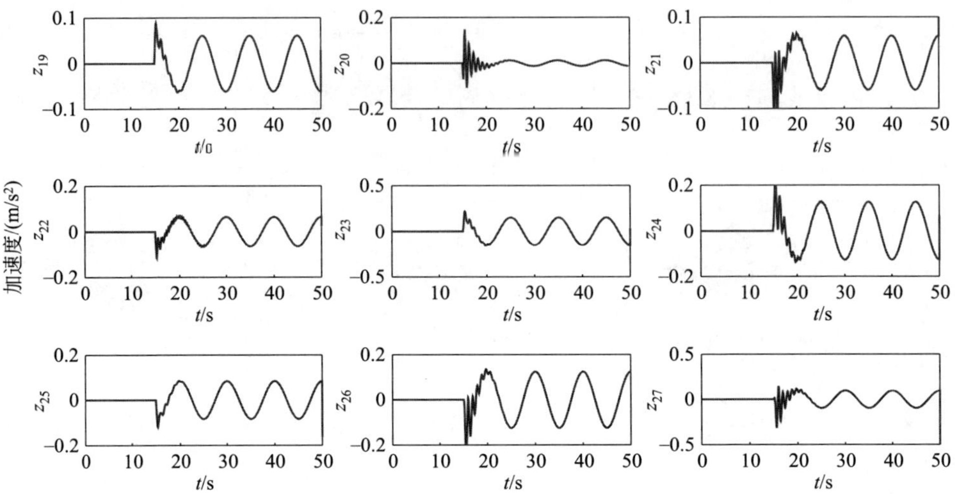

图 2.11　基于 ToMFIR 残差的故障检测（情况 2）

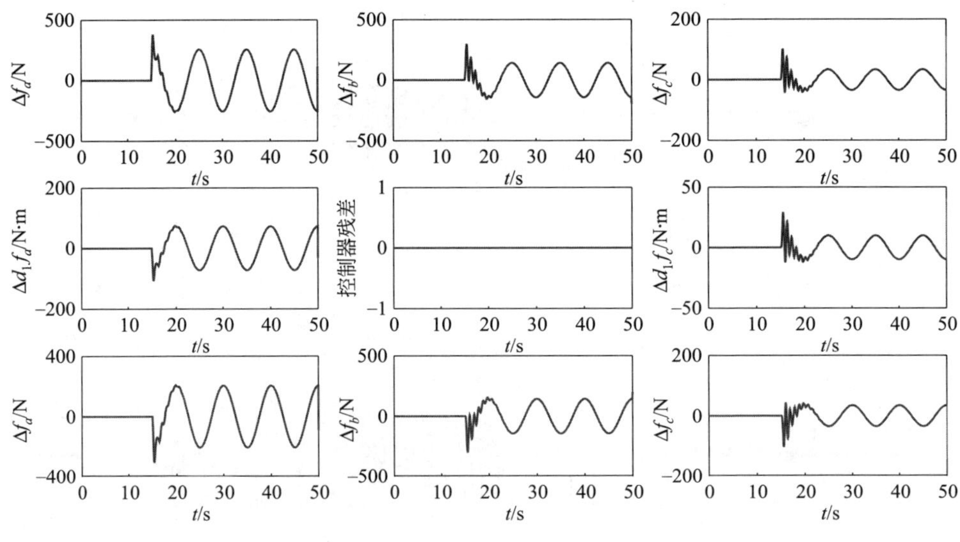

图 2.12　控制量残差（情况 2）

2.3 小结

闭环反馈控制对于故障有补偿作用，且早期微小故障的特征微弱，致使很多微小故障不能在初始阶段被有效地检测出。针对这一问题，本章详细地论述了线性系统基于 ToMFIR 残差的故障检测机理，主要包括：线性定常系统的 ToMFIR 残差理论、鲁棒 ToMFIR 残差理论、ToMFIR 残差的近似计算理论、

观测器残差修正理论等，为 CRH 动车组高速列车悬挂系统早期微小故障检测提供理论支撑。在接下来的章节中，首先构建了悬挂系统的状态方程模型，针对主动式作动器设计了基于状态反馈的力控制环节，然后基于德国低干扰高速轨道不平顺功率谱数值模拟了轨道垂向不平顺的激励信号，针对干扰信号可测的情况，展开执行器微小故障检测的理论研究。仿真结果显示，相较于基于观测器的故障检测残差，ToMFIR 残差对于执行器的早期微小故障更为敏感，而且对于执行器故障的类型没有限制，无论是加性故障、乘性故障或是复合型故障（多个执行器故障同时发生），都能获得优异的检测效果。

第3章 基于 ToMFIR 残差和 T-S 模糊系统模型的执行器早期故障诊断方法及应用

第1章分析了现有的微小故障检测、诊断方法[76,77]无法适用于闭环控制系统的原因，基于此在第 2 章中引入 ToMFIR 残差的概念并详细论述了其在线性定常系统中的相关理论。本章针对 T-S 模糊线性化的非线性系统中早期故障的检测和诊断问题，开展 ToMFIR 残差理论在执行器微小故障诊断中的后续研究，为 ToMFIR 残差理论直接解决非线性系统的早期故障诊断问题奠定了基础。本章首先是非线性系统的 T-S 模糊建模，用于描述包含早期执行器故障的非线性系统的全局动态；然后基于 T-S 模糊 ToMFIR 残差设计了故障检测方案，消除了现有文献中对于系统结构的约束要求；进一步结合滑模观测器和基于 ToMFIR 残差的隔离阈值设计了微小故障的隔离机制；在发生故障的执行器被隔离之后，通过基于自适应观测器的估计机制估计出执行器故障(以剩余效能百分比表示)；最后，将所设计的执行器微小故障检测、隔离和估计的方法应用于 CRH2 型动车组列车牵引电机控制系统中，解决了现有牵引系统故障诊断机制[78]中未考虑故障早期特性的问题，具有一定的工程参考价值。

3.1 系统描述

3.1.1 正则系统 T-S 模糊建模

考虑式(3.1) 所示的正则局部线性模型 G_{0i}，其中 $u_0(t)$ 和 $y_0(t)$ 是正则系统的输入和输出。

模糊规则 i：if$z_1(t)$is $M_{1,g(i)}$，$z_2(t)$is $M_{2,g(i)}$，⋯，and $z_q(t)$is $M_{q,g(i)}$，then

$$G_{0i}:\begin{cases}\dot{x}_0(t)=A^i x_0(t)+B^i u_0(t)\\ y_0(t)=C^i x_0(t)\end{cases}\tag{3.1}$$

其中 $i=1$，…，N，N 是系统中 T-S 模糊规则数；$z(t)=[z_1(t),\cdots,z_q(t)]^{\mathrm{T}}$ 表征隶属于模糊子集 $M_{j,g(i)}$ $[j=1,2,\cdots,q;g(i)=1,2]$ 的前件变量；$x_0(t)\in R^n$；$u_0(t)\in R^m$；$A^i\in R^{n\times n}$、$B^i\in R^{n\times m}$、$C^i\in R^{p\times n}$ 分别为系统矩阵。令前件变量 $z_j(j=1,2,\cdots,q)$ 的论域为 $U_j=[d_j,D_j]$，其中 $d_j=\min(z_j)$、$D_j=\max(z_j)$，则模糊子集 $M_{j,g(i)}$ 的隶属度函数可以定义为

$$M_{j,g(i)}=\begin{cases}\dfrac{z_j-d_j}{D_j-d_j},g(i)=1\\ \dfrac{D_j-z_j}{D_j-d_j},g(i)=2\end{cases}\quad [j=1,2,\cdots,q;g(i)=1,2] \tag{3.2}$$

全局模糊系统可以表示如下

$$\begin{cases}\dot{x}_0(t)=\sum\limits_{i=1}^{N}h_i[z(t)][A^i x_0(t)+B^i u_0(t)]\\ y_0(t)=\sum\limits_{i=1}^{N}h_i[z(t)]C^i x_0(t)\end{cases} \tag{3.3}$$

其中，$h_i[z(t)]$定义为

$$h_i[z(t)]=\prod_{j=1}^{q}M_{j,g(i)}[z_j(t)],[i=1,\cdots,N;g(i)=1,2] \tag{3.4}$$

并满足 $\sum\limits_{i=1}^{N}h_i[z(t)]=1$，$0\leqslant h_i[z(t)]\leqslant 1$。为了表述上的方便，在本章接下来的内容中以 h_i 表示 $h_i[z(t)]$。在正则条件（无故障）下，设计正则输出反馈控制器为 $u_0=K_{ci}y_0=K_{ci}C^i x_0(t)$，则闭环正则系统可描述为

$$\dot{x}_0(t)=\sum_{i=1}^{N}h_i(A^i+B^iK_{ci}C^i)x_0(t) \tag{3.5}$$

引理 3.1：如果存在适维的矩阵 K_{ci}，$P=P^{\mathrm{T}}>0$ 和 $Q>0$，满足

$$P(A^i+B^iK_{ci}C^i)+(A^i+B^iK_{ci}C^i)^{\mathrm{T}}P\leqslant -Q \tag{3.6}$$

则正则控制器 $u_0(t)=K_{ci}C^i x_0(t)$ 可以保证系统（3.3）渐近稳定。

证明：选取 Lyapunov 函数 $V_s=x_0^{\mathrm{T}}(t)Px_0(t)$，则

$$\begin{aligned}\dot{V}_s(t)&=\sum_{i=1}^{N}h_i\{x_0^{\mathrm{T}}(t)[P(A^i+B^iK_{ci}C^i)+(A^i+B^iK_{ci}C^i)^{\mathrm{T}}P]x_0(t)\}\\ &\leqslant -\sum_{i=1}^{N}h_i[x_0^{\mathrm{T}}(t)Qx_0(t)]\\ &\leqslant -\lambda_s V_s(t)\leqslant 0\end{aligned} \tag{3.7}$$

其中 $\lambda_s=\lambda_{\min}(Q)/\lambda_{\min}(P)$。

3.1.2 真实系统（含执行器微小故障）T-S 模糊建模

考虑式(3.8) 所示的真实局部线性模型 G_i，其包含早期的执行器故障和系统扰动。

模糊规则 i：if$z_1(t)$is $M_{1,g(i)}$，$z_2(t)$is $M_{2,g(i)}$，…，and $z_q(t)$is $M_{q,g(i)}$，then

$$G_i:\begin{cases}\dot{x}(t)=A^i x(t)+B^i u^f(t)+Dd(t)\\ y(t)=C^i x(t)\end{cases}\tag{3.8}$$

全局非线性系统可描述为

$$\begin{cases}\dot{x}(t)=\sum_{i=1}^{N}h_i[A^i x(t)+B^i u^f(t)]+Dd(t)\\ y(t)=\sum_{i=1}^{N}h_i C^i x(t)\end{cases}\tag{3.9}$$

其中 $D\in R^{n\times q}$ 是常数矩阵；$x(t)\in R^n$、$y(t)\in R^p$ 分别表示真实局部线性模型中的系统状态和输出；$u^f(t)\in R^m$ 是故障执行器的输出；$d(t)\in R^q$ 表示有界的系统外部干扰。假设 $d(t)$ 未知且满足 $\|d(t)\|\leqslant\beta$，其中 β 是一个已知的正标量。早期执行器的微小故障可以用如下的数学模型描述

$$u_i^f(t)=[1-\beta_i(t-T_0)\rho_i(t)]u_i(t),i=1,\cdots,m\tag{3.10}$$

其中 $u_i(t)$ 是无故障情况下控制器的输出；$\rho_i(t)(1\leqslant i\leqslant m)$表示故障发生后每个执行器的效能损失比例；$m$ 是控制器的输出变量数；$\beta_i(t-T_0)$：$R\mapsto R$ 是一个时间描述函数，用来表示早期故障对于第 i 个控制输出的影响。

$$\beta_i(t-T_0)=\begin{cases}0 & t<T_0\\ 1-\mathrm{e}^{-a_i(t-T_0)} & t\geqslant T_0\end{cases}\tag{3.11}$$

其中，T_0 表示未知的故障发生时刻，常数 $a_i>0(i=1,\cdots,m)$ 表示未知的故障衍变速率。当 a_i 取值较小时，式(3.10) 和式(3.11) 可用以表示早期的缓变故障；当 a_i 逐渐增大时，$\beta_i(t-T_0)$ 趋近于阶跃函数，可描述突发故障的特性。令 $\beta(t-T_0)=\mathrm{diag}[\beta_1(t-T_0),\beta_2(t-T_0),\cdots,\beta_m(t-T_0)]$，则形式更为一般的故障模型可以表示为

$$u^f(t)=[I-\beta(t-T_0)\Gamma(t)]u(t),t\geqslant T_0\tag{3.12}$$

其中 $\Gamma(t)=\mathrm{diag}[\rho_1(t),\rho_2(t),\cdots,\rho_m(t)]$。

3.2 主要结果

3.2.1 初步描述

记正则局部线性模型(3.1)的输出为 $y_0(t)=G_{0i}u_0(t)$，同时记真实局部线性模型(3.8)的输出为 $y(t)=G_iu^f(t)$。令 $y^{\otimes}(t)=G_{0i}u(t)$，其中 $y^{\otimes}(t)$ 是在控制量 $u(t)$ 的驱动下正则局部线性系统的输出。

定义 3.1：输出残差 $r_y(t)=y(t)-y_0(t)=G_iu^f(t)-G_{0i}u_0(t)$

定义 3.2：控制量残差 $r_u(t)=u(t)-u_0(t)$

定义 3.3：模糊规则 i：if$z_1(t)$is $M_{1,g(i)}$，$z_2(t)$is $M_{2,g(i)}$，…，and $z_q(t)$ is $M_{q,g(i)}$，then

$$
\begin{aligned}
ToMFIR_i(t)&=y(t)-y^{\otimes}(t)=G_iu^f(t)-G_{0i}u(t)\\
&=[G_iu^f(t)-G_{0i}u_0(t)]-[G_{0i}u(t)-G_{0i}u_0(t)]\\
&=r_y(t)-G_{0i}r_u(t)
\end{aligned}
\tag{3.13}
$$

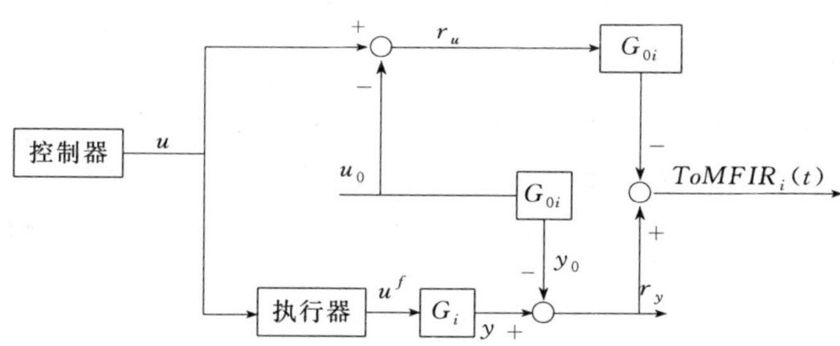

图 3.1 模糊规则对应的残差生成流程

根据图 3.1 可得任意模糊规则下的 $ToMFIR_i(t)$，进一步可构造全局 ToMFIR 残差如下

$$ToMFIR(t)=\sum_{i=1}^{N}h_i\times ToMFIR_i(t) \tag{3.14}$$

3.2.2 微小故障检测（情况 1）

假设 3.1：在正则局部线性模型 G_{0i} 和真实局部线性模型 G_i 中，矩阵 C^i 行满秩，矩阵 D 列满秩，其中 $D\in R^{n\times q}$、$C^i\in R^{p\times n}$，且维数满足 $p>q$。

假设 3.2：对于任意具有非负实部的复数 s，满足

$$\operatorname{rank}\begin{bmatrix} sI_n-A^i & B^i \\ C^i & 0 \end{bmatrix}=n+\operatorname{rank}(B^i) \tag{3.15}$$

即系统满足最小相位条件。

假设 3.1 可以保证在任意模糊规则下都存在变换矩阵 T^i 和 S^i，使得

$$x(t)=(T^i)^{-1}\begin{bmatrix}z_1(t)\\z_2(t)\end{bmatrix},y(t)=(S^i)^{-1}\begin{bmatrix}\eta_1(t)\\\eta_2(t)\end{bmatrix},i=1,2,\cdots,N \tag{3.16}$$

且原局部线性模型可变换为如下两个子系统。

模糊规则 i：if $z_1(t)$is $M_{1,g(i)}$，$z_2(t)$is $M_{2,g(i)}$，…，and $z_q(t)$is $M_{q,g(i)}$，then

$$G_{1i}:\begin{cases}\dot{z}_1(t)=\overline{A}_{11}^i z_1(t)+\overline{A}_{12}^i z_2(t)+\overline{B}_1^i u^f(t)\\\eta_1(t)=\overline{C}_{11}^i z_1(t)\end{cases} \tag{3.17}$$

$$G_{2i}:\begin{cases}\dot{z}_2(t)=\overline{A}_{21}^i z_1(t)+\overline{A}_{22}^i z_2(t)+\overline{B}_2^i u^f(t)+D_2 d(t)\\\eta_2(t)=\overline{C}_{22}^i z_2(t)\end{cases} \tag{3.18}$$

其中 $z_1(t)\in R^{n-q}$，$z_2(t)\in R^q$，$\overline{A}_{11}^i\in R^{(n-q)\times(n-q)}$，$\overline{A}_{12}^i\in R^{(n-q)\times q}$，$\overline{A}_{21}^i\in R^{q\times(n-q)}$，$\overline{A}_{22}^i\in R^{q\times q}$，$\overline{C}_{11}^i\in R^{(p-q)\times(n-q)}$，$\overline{C}_{22}^i\in R^{q\times q}$，$\overline{B}_1^i\in R^{(n-q)\times m}$，$\overline{B}_2^i\in R^{q\times m}$。进一步，$\overline{A}_{11}^i=A_{11}^i-D_1D_2^{-1}A_{21}^i$，$\overline{A}_{12}^i=(A_{11}^i-D_1D_2^{-1}A_{21}^i)D_1D_2^{-1}+(A_{12}^i-D_1D_2^{-1}A_{22}^i)$，$\overline{A}_{21}^i=A_{21}^i$，$\overline{A}_{22}^i=A_{21}^iD_1D_2^{-1}+A_{22}^i$，$\overline{B}_2^i=B_2^i$，$\overline{B}_1^i=B_1^i-D_1D_2^{-1}B_2^i$。

同理，矩阵 T^i 和 S^i 可将系统 G_{0i} 变换为如下两个子系统。

模糊规则 i：if $z_1(t)$is…，$z_2(t)$is $M_{2,g(i)}$，…，and $z_q(t)$is $M_{q,g(i)}$，then

$$G_{01i}:\begin{cases}\dot{z}_{10}(t)=\overline{A}_{11}^i z_{10}(t)+\overline{A}_{12}^i z_{20}(t)+\overline{B}_1^i u_0(t)\\\eta_{10}(t)=\overline{C}_{11}^i z_{10}(t)\end{cases} \tag{3.19}$$

$$G_{02i}:\begin{cases}\dot{z}_{20}(t)=\overline{A}_{21}^i z_{10}(t)+\overline{A}_{22}^i z_{20}(t)+\overline{B}_2^i u_0(t)\\\eta_{20}(t)=\overline{C}_{22}^i z_{20}(t)\end{cases} \tag{3.20}$$

根据定义 3.1，有

$$\begin{aligned}r_y(t)=\eta_1(t)-\eta_{10}(t)=&\overline{C}_{11}^i\mathrm{e}^{\overline{A}_{11}^i t}[z_1(0)-z_{10}(0)]+\overline{C}_{11}^i\int_0^t\mathrm{e}^{\overline{A}_{11}^i(t-\tau)}\\&\overline{B}_1^i[u^f(\tau)-u_0(\tau)]\mathrm{d}\tau+\overline{C}_{11}^i\int_0^t\mathrm{e}^{\overline{A}_{11}^i(t-\tau)}\overline{A}_{12}^i[z_2(\tau)-z_{20}(\tau)]\mathrm{d}\tau\end{aligned} \tag{3.21}$$

其中 $z_1(0)$ 和 $z_{10}(0)$ 是初始状态，根据定义 3.3 可得

模糊规则 i：if $z_1(t)$is $M_{1,g(i)}$，$z_2(t)$is $M_{2,g(i)}$，…，and $z_q(t)$is $M_{q,g(i)}$，then

$ToMFIR_i(t)=\overline{C}_{11}^i e^{\overline{A}_{11}^i t}[z_1(0)-z_{10}(0)-\bar{z}_{10}(0)]+\overline{C}_{11}^i\int_0^t\mathrm{e}^{\overline{A}_{11}^i(t-\tau)}\overline{B}_1^i[u^f(\tau)-$

$$u(\tau)]\mathrm{d}\tau+\overline{C}_{11}^i\int_0^t \mathrm{e}^{\overline{A}_{11}^i(t-\tau)}\overline{A}_{12}^i[z_2(\tau)-z_{20}(\tau)-\overline{z}_{20}(\tau)]\mathrm{d}\tau$$

$$=\overline{C}_{11}^i\mathrm{e}^{\overline{A}_{11}^i t}[z_1(0)-z_{10}(0)-\overline{z}_{10}(0)]-\overline{C}_{11}^i\int_0^t \mathrm{e}^{\overline{A}_{11}^i(t-\tau)}\overline{B}_1^i\beta(\tau-T_0)\Gamma(\tau)\mathrm{d}\tau+$$

$$\overline{C}_{11}^i\int_0^t \mathrm{e}^{\overline{A}_{11}^i(t-\tau)}\overline{A}_{12}^i[z_2(\tau)-z_{20}(\tau)-\overline{z}_{20}(\tau)]\mathrm{d}\tau \tag{3.22}$$

注释 3.1：$\overline{z}_{10}(t)$ 和 $\overline{z}_{20}(t)$ 为控制量残差 $r_u(t)$ 作用下系统的状态变量。在控制器的调节作用下，$[z_2(t)-z_{20}(t)]$ 趋近于 0 或在预先设置的阈值以内。此外，当系统中无故障并且子系统 G_{02i} 稳定时，由于控制量残差$r_u(t)$ 为 0，所以状态量 $\overline{z}_{20}(t)$ 趋近于 0。$[z_1(0)-z_{10}(0)]$和初始状态 $\overline{z}_{10}(0)$ 可预设为 0。在未发生故障时，故障项 $\Gamma(t)=0$。因此在无故障的情况下全局模糊 ToMFIR 残差满足 $ToMFIR(t)=\sum_{i=1}^N h_i\times ToMFIR_i(t)=0$，并且全局模糊 ToMFIR 残差只对故障敏感，因为式(3.22) 不包含任何扰动项。

3.2.3 微小故障检测（情况 2）

针对系统结构不满足假设 3.1 的情况，提出了一个基于 ToMFIR 残差的故障检测机制。为了匹配无故障的系统模型，$ToMFIR_i(t)$ 可以写成如下形式

$$ToMFIR_i(t)=C^i\mathrm{e}^{A^i t}r_x(0)+C^i\int_0^t \mathrm{e}^{A^i[t-\tau)}B^i[u(\tau)-u_0(\tau)]\mathrm{d}\tau+$$

$$C^i\int_0^t \mathrm{e}^{A^i(t-\tau)}Dd(\tau)\mathrm{d}\tau-C^i\mathrm{e}^{A^i t}x_0(0)-C^i\int_0^t \mathrm{e}^{A^i(t-\tau)}B^i r_u(\tau)\mathrm{d}\tau$$

$$=C^i\mathrm{e}^{A^i t}\widetilde{r}_x(0)+C^i\int_0^t \mathrm{e}^{A^i(t-\tau)}Dd(\tau)\mathrm{d}\tau \tag{3.23}$$

其中 $r_x(0)=x(0)-x_0(0)$，$\widetilde{r}_x(0)=r_x(0)-x_0(0)$，$x(0)$ 和 $x_0(0)$ 为初始状态。根据三角不等式可得

$$\|ToMFIR_i(t)\|\leqslant\left\|C^i\mathrm{e}^{A^i t}\widetilde{r}_x(0)\right\|+\left\|C^i\int_0^t \mathrm{e}^{A^i(t-\tau)}Dd(\tau)\mathrm{d}\tau\right\| \tag{3.24}$$

假设 3.2 可以保证满足 $\|C_s^i\mathrm{e}^{A^i t}\|\leqslant\theta_{is}\mathrm{e}^{-\lambda_{is}t}$ 条件的正标量 θ_{is} 和 λ_{is} 的存在性，其中 C_s^i 表示矩阵 C^i 的第 s 行。令

$$\|C_s^i\mathrm{e}^{A^i t}\|\leqslant\|C_s^i\|\sigma_{\max}(\mathrm{e}^{A^i t})\leqslant\|C_s^i\|[\sigma_{\max}(\mathrm{e}^{A^i})]^t=\theta_{is}\mathrm{e}^{-\lambda_{is}t} \tag{3.25}$$

其中 $\sigma_{\max}(\cdot)$ 表示矩阵（$\cdot$）的最大奇异值，推导可得 $\theta_{is}=\|C_s^i\|$，$\lambda_{is}=-\ln\sigma_{\max}(\mathrm{e}^{A^i})$。假设存在一个正标量 α_0 满足 $\|\widetilde{r}_x(0)\|\leqslant\alpha_0$，则当系统无故障时，$ToMFIR_i(t)$ 的第 s 个元素满足

$$\| ToMFIR_i^s(t) \| \leqslant \alpha_0 \theta_{is} \mathrm{e}^{-\lambda_{is} t} + \theta_{is} \beta \| D \| \int_0^t \mathrm{e}^{-\lambda_{is}(t-\tau)} \mathrm{d}\tau \tag{3.26}$$

同理，当系统无故障时，全局 ToMFIR 残差存在如下不等式关系

$$\| ToMFIR^s(t) \| \leqslant \sum_{i=1}^{N} h_i \times \| ToMFIR_i^s(t) \| \leqslant \sum_{i=1}^{N} h_i \alpha_0 \theta_{is} \mathrm{e}^{-\lambda_{is} t} + \sum_{i=1}^{N} h_i \theta_{is} \beta \| D \| \int_0^t \mathrm{e}^{-\lambda_{is}(t-\tau)} \mathrm{d}\tau := J_s(t) \tag{3.27}$$

因此，当全局 ToMFIR 残差中至少一个元素的范数超出其所对应的检测阈值 $J_s(t)$ 时，故障可以被检测出。基于此，可以得到如下的微小故障可检测性条件。

定理 3.1（微小故障可检测性条件）：针对形式如式(3.9) 所示的闭环控制系统，在时刻 $T_d(T_d > T_0)$，如果存在一个方程 $\delta_s(t)$ 满足

$$\| \delta_s(T_d) \| \geqslant 2\sum_{i=1}^{N} h_i \alpha_0 \theta_{is} \mathrm{e}^{-\lambda_{is} T_d} + 2\sum_{i=1}^{N} h_i \theta_{is} \beta \| D \| \int_0^{T_d} \mathrm{e}^{-\lambda_{is}(T_d-\tau)} \mathrm{d}\tau \tag{3.28}$$

则微小故障可以在时刻 T_d 被检测出，其中 $T_d \triangleq \inf \bigcup_{s=1}^{p} \{t \geqslant T_0 : \| ToMFIR^s(t) \| > J_s(t)\}$。方程 $\delta_s(t)$ 将在证明过程中给出定义形式。

证明：

$$ToMFIR_i(T_d) = C^i e^{A^i T_d} \tilde{r}_x(0) + C^i \int_0^{T_d} \mathrm{e}^{A^i(T_d-\tau)} Dd(\tau) \mathrm{d}\tau - C^i \int_0^{T_d} \mathrm{e}^{A^i(T_d-\tau)} B^i \beta(\tau - T_0) \Gamma(\tau) \mathrm{d}\tau \tag{3.29}$$

则全局 ToMFIR 残差中第 s 个元素满足如下等式条件

$$ToMFIR^s(T_d) = \sum_{i=1}^{N} h_i C_s^i \mathrm{e}^{A^i T_d} \tilde{r}_x(0) + \sum_{i=1}^{N} h_i C_s^i \int_0^{T_d} \mathrm{e}^{A^i(T_d-\tau)} Dd(\tau) \mathrm{d}\tau - \sum_{i=1}^{N} h_i C_s^i \int_0^{T_d} \mathrm{e}^{A^i(T_d-\tau)} B^i \beta(\tau - T_0) \Gamma(\tau) \mathrm{d}\tau \tag{3.30}$$

定义 $\delta_s(t) \triangleq -\sum_{i=1}^{N} h_i C_s^i \int_0^t \mathrm{e}^{A^i(t-\tau)} B^i \beta(\tau - T_0) \Gamma(\tau) \mathrm{d}\tau$，则

$$\| ToMFIR^s(T_d) \| \geqslant \| \delta_s(T_d) \| - \sum_{i=1}^{N} h_i \times \| C_s^i \mathrm{e}^{A^i T_d} \tilde{r}_x(0) \| - \sum_{i=1}^{N} h_i \times \| C_s^i \int_0^{T_d} \mathrm{e}^{A^i(T_d-\tau)} Dd(\tau) \mathrm{d}\tau \| \tag{3.31}$$

$$\geqslant \| \delta_s(T_d) \| - \sum_{i=1}^{N} h_i \alpha_0 \theta_{is} \mathrm{e}^{-\lambda_{is} T_d} - \sum_{i=1}^{N} h_i \theta_{is} \beta \| D \| \int_0^{T_d} \mathrm{e}^{-\lambda_{is}(T_d-\tau)} \mathrm{d}\tau$$

即如果定理 3.1 中的不等式条件满足，可保证 $\|ToMFIR^s(T_d)\| \geqslant J_s(T_d)$。

3.2.4 微小故障隔离

假设 3.3[79]：系统的扰动 $d(t)$ 由两部分构成，即 $Dd(t)=D_{11}d_1(t)+D_{22}d_2(t)$，其中第一部分为可建模外部扰动 $d_1(t)$，并假设其由如下的外源系统产生

$$\begin{cases}\dot{\omega}(t)=W\omega(t)\\ d_1(t)=E\omega(t)\end{cases} \tag{3.32}$$

其中，$\omega(t)\in R^r$ 是外源系统的状态变量；$W\in R^{r\times r}$ 和 E 是该外源系统中已知的参数矩阵，第二部分为有界的不确定性扰动 $d_2(t)$，满足 $\|d_2(t)\| \leqslant a_d$，其中 a_d 是一个未知的非负常数。

注释 3.2：实际系统中往往存在多重的扰动信号，例如摩擦和负载、谐波干扰、建模不确定性、环境干扰和测量噪声等，基于此，假设 3.3 中的数学模型是有实际意义的。本节内容的目的是通过观测器的设计在隔离故障的同时抑制系统扰动对于观测器估计精度的影响。

假设第 l 个执行器发生微小故障，则全局模糊模型可以表示为

$$\begin{cases}\dot{x}(t)=\sum\limits_{i=1}^{N}h_iA^ix(t)+\sum\limits_{i=1}^{N}h_iB^iu(t)-\sum\limits_{i=1}^{N}h_ib_{i,l}\,\beta_l(t-T_0)\\ \qquad\rho_l(t)u_l(t)+D_{11}d_1(t)+D_{22}d_2(t)\\ y(t)=\sum\limits_{i=1}^{N}h_iC^ix(t)\end{cases} \tag{3.33}$$

其中 $B^i=[b_{i,1},b_{i,2},\cdots,b_{i,m}]$，元素 $b_{i,l}\in R^{n\times 1}$ $(1\leqslant l\leqslant m)$，$\beta_l(t-T_0)$ 和 $\rho_l(t)$ 为第 l 个执行器故障的参数，D_{11} 和 D_{22} 为适维的系统矩阵。通过增广式(3.32) 和式(3.33)，可得如下形式的增广系统

$$\begin{cases}\dot{X}(t)=\sum\limits_{i=1}^{N}h_iA_0^iX(t)+\sum\limits_{i=1}^{N}h_iB_0^iu(t)-\sum\limits_{i=1}^{N}h_i\bar{b}_{i,l}\,\beta_l(t-T_0)\rho_l(t)u_l(t)+D_{20}d_2(t)\\ y(t)=\sum\limits_{i=1}^{N}h_iC_0^iX(t)\end{cases} \tag{3.34}$$

其中 $X(t)=\begin{bmatrix}x(t)\\ \omega(t)\end{bmatrix}$，$A_0^i=\begin{bmatrix}A^i & D_1E\\ 0 & W\end{bmatrix}$，$B_0^i=\begin{bmatrix}B^i\\ 0\end{bmatrix}$，$D_{20}=\begin{bmatrix}D_{22}\\ 0\end{bmatrix}$，$C_0^i=[C^i \quad 0]$，$\bar{b}_{i,l}=\begin{bmatrix}b_{i,l}\\ 0\end{bmatrix}$。

假设 3.4[79]：(A_0^i, C_0^i) 可观。

针对 $x(t)$ 和 $\omega(t)$ 的信号估计设计全维观测器如下

$$\begin{cases}\dot{\hat{X}}(t)=\sum_{i=1}^{N}h_iA_0^i\hat{X}(t)+\sum_{i=1}^{N}h_iB_0^iu(t)+K(y(t)-\hat{y}(t))+D_{20}u_a(t)\\ \hat{y}(t)=\sum_{i=1}^{N}h_iC_0^i\hat{X}(t)\end{cases}\tag{3.35}$$

其中 $\hat{X}(t)$ 是增广系统状态量 $X(t)$ 的估计；$\hat{y}(t)$ 是增广系统输出 $y(t)$ 的估计；K 是待定的观测器增益矩阵；$u_a(t)$ 是补偿项，其形式如下

$$u_a(t)=\begin{cases}\dfrac{Je_y(t)}{\|e_y^{\mathrm{T}}(t)J^{\mathrm{T}}\|}\hat{a}_d(t), & e_y(t)\neq 0\\ 0, & e_y(t)=0\end{cases}\tag{3.36}$$

$$\dot{\hat{a}}_d(t)=\frac{1}{\gamma}\|e_y^{\mathrm{T}}(t)J^{\mathrm{T}}\|\tag{3.37}$$

其中，$e_y(t)=y(t)-\hat{y}(t)$ 是系统输出的估计误差；J 是一个待定的适维矩阵；$\hat{a}_d(t)$ 是常数 a_d 的估计；γ 是选定的自适应律。

定义 $e_X(t)=X(t)-\hat{X}(t)$，则增广的状态估计误差系统可以表示为

$$\dot{e}_X(t)=\sum_{i=1}^{N}h_i(A_0^i-KC_0^i)e_X(t)+D_{20}[d_2(t)-u_a(t)]-\sum_{i=1}^{N}h_i\bar{b}_{i,l}\beta_l(t-T_0)\rho_l(t)u_l(t)\tag{3.38}$$

定理 3.2：如果存在适维矩阵 $P^{\mathrm{T}}=P>0$、R 以及常数 $\eta>0$，满足

$$\begin{gathered}(PA_0^i-RC_0^i)+(PA_0^i-RC_0^i)^{\mathrm{T}}\leqslant-\eta I\\ JC_0^i=D_{20}^{\mathrm{T}}P\end{gathered}\tag{3.39}$$

则误差动态系统(3.38) 稳定，其中增益矩阵 $K=P^{-1}R$，且估计误差满足如下关系

$$\|e_X(t)\|\leqslant\max\left\{\|e_X(0)\|,2\eta^{-1}a_u\left\|P\sum_{i=1}^{N}h_i\bar{b}_{i,l}\right\|\right\},t\in[0,+\infty)\tag{3.40}$$

其中 $e_X(0)$ 是误差动态系统(3.38) 的初始状态；a_u 是一个已知的正常数，且满足 $|u_l(t)|\leqslant a_u$。

证明：选择如下形式的 Lyapunov 方程

$$V(t)=e_X^{\mathrm{T}}(t)Pe_X(t)+\gamma[a_d(t)-\hat{a}_d(t)]^2\tag{3.41}$$

则

$$
\begin{aligned}
\dot{V}(t)= & e_X^{\mathrm{T}}(t)\sum_{i=1}^{N}h_i(A_0^i-KC_0^i)^{\mathrm{T}}Pe_X(t)+e_X^{\mathrm{T}}(t)P\sum_{i=1}^{N}h_i(A_0^i-KC_0^i)e_X(t)+ \\
& 2e_X^{\mathrm{T}}(t)PD_{20}[d_2(t)-u_a(t)]-2\gamma[a_d(t)-\hat{a}_d(t)]\dot{\hat{a}}_d(t)+ \\
& 2e_X^{\mathrm{T}}(t)P\sum_{i=1}^{N}h_i\bar{b}_{i,l}[-\beta_l(t-T_0)\rho_l(t)u_l(t)] \\
\leqslant & -\eta\|e_X(t)\|^2+2e_X^{\mathrm{T}}(t)P\sum_{i=1}^{N}h_i\bar{b}_{i,l}[-\beta_l(t-T_0)\rho_l(t)u_l(t)] \quad (3.42) \\
\leqslant & -\eta\|e_X(t)\|^2+2\|e_X(t)\|\cdot\left\|P\sum_{i=1}^{N}h_i\bar{b}_{i,l}\right\|\cdot|-\beta_l(t-T_0)|\cdot \\
& |\rho_l(t)|\cdot|u_l(t)| \\
\leqslant & -\eta\|e_X(t)\|^2+2a_u\|e_X(t)\|\cdot\left\|P\sum_{i=1}^{N}h_i\bar{b}_{i,l}\right\|
\end{aligned}
$$

如果条件 $\|e_X(t)\|>2\eta^{-1}a_u\left\|P\sum_{i=1}^{N}h_i\bar{b}_{i,l}\right\|$ 成立，则 $\dot{V}(t)<0$。因此，式(3.40) 恒成立并且误差系统稳定。

假设只有第 l 个执行器发生故障，设计如下形式模糊观测器

模糊规则 i：if$z_1(t)$is$M_{1,g(i)}$，$z_2(t)$is$M_{2,g(i)}$，…，and$z_q(t)$is $M_{q,g(i)}$，then

$$
\begin{cases}
\dot{\hat{x}}_s(t)=A^i\hat{x}_s(t)+L_i[y(t)-\hat{y}_{is}(t)]+B^iu(t)+b_{i,s}\bar{\rho}_s|u_s|+D\hat{d}(t) \\
\hat{y}_s(t)=C^i\hat{x}_s(t)
\end{cases}
\tag{3.43}
$$

其中 $\hat{x}_s(t)$、$\hat{y}_s(t)$ 分别为第 s 个模糊观测器的状态和输出；$\bar{\rho}_s$ 是已知的正常数，用以表示 $\rho_i(t)$ 的上界；$|u_s|$为控制输出 $u_s(t)$ 的上界；$\hat{d}(t)$ 为扰动的估计。则全局模糊隔离观测器可表示为

$$
\begin{cases}
\dot{\hat{x}}_s(t)=\sum_{i=1}^{N}h_i\{A^i\hat{x}_s(t)+L_i[y(t)-\hat{y}_s(t)]+B^iu(t)+b_{i,s}\mu_s\bar{\rho}_s|u_s|\}+D\hat{d}(t) \\
\hat{y}_s(t)=\sum_{i=1}^{N}h_iC^i\hat{x}_s(t)
\end{cases}
\tag{3.44}
$$

其中

$$
\mu_s=\begin{cases}
\varepsilon\sum_{i=1}^{N}h_iF_{is}e_{ys}(t)\Big/\left\|\sum_{i=1}^{N}h_iF_{is}e_{ys}(t)\right\|, & e_{ys}(t)\neq 0 \\
0, & e_{ys}(t)=0
\end{cases}
$$

选择增益矩阵 $L_i \in R^{n\times p}$ 使得 $A^i - L_i C^i$ 为 Hurwitz 矩阵；$F_{is} \in R^{1\times p}$ 为矩阵 $F_i \in R^{m\times p}$ 的第 s 行，其中矩阵 $F_i \in R^{m\times p}$ 的形式将在定理 3.3 中给出定义；ε 为所设计滑模观测器中的切换增益，并满足 $\varepsilon \geqslant 1$。

当 $s=l$ 时，定义 $e_{xs}(t)=x_s(t)-\hat{x}_s(t)$，则误差动态如下所示

$$\dot{e}_{xs}(t)=\sum_{i=1}^{N} h_i (A^i - L_i C^i) e_{xs}(t) + \sum_{i=1}^{N} h_i b_{i,s} [-\mu_s \bar{\rho}_s |u_s| - \beta_s (t-T_0) \rho_s(t) u_s(t)] + D[d(t)-\hat{d}(t)] \tag{3.45}$$

定理 3.3： 如果存在对称正定矩阵 P 和适维矩阵 $Q_i>0$，L_i 和 $F_i (1\leqslant i\leqslant N)$，满足

$$\begin{aligned} &(A^i - L_i C^i)^{\mathrm{T}} P + P(A^i - L_i C^i) + P \leqslant -Q_i \\ &PB^i = C^{i\,\mathrm{T}} F_i^{\mathrm{T}} \end{aligned} \tag{3.46}$$

则当第 s 个执行器发生故障时（即 $s=l$），状态估计误差 $e_{xs}(t)$ 一致最终有界。

证明： 选取 Lyapunov 方程为 $V(t)=e_{xs}^{\mathrm{T}}(t) P e_{xs}(t)$

当 $s=l$ 时

$$\begin{aligned} \dot{V}(t) =& e_{xs}^{\mathrm{T}}(t) \sum_{i=1}^{N} h_i (A^i - L_i C^i)^{\mathrm{T}} P e_{xs}(t) + e_{xs}^{\mathrm{T}}(t) P \sum_{i=1}^{N} h_i (A^i - L_i C^i) e_{xs}(t) - \\ & 2\left\| \sum_{i=1}^{N} h_i F_{is} C_s^i e_{xs}(t) \right\| \cdot [\varepsilon \bar{\rho}_s |u_s| \pm \beta_s (t-T_0) \rho_s(t) u_s(t)] + \\ & 2e_{xs}^{\mathrm{T}}(t) PD[d(t)-\hat{d}(t)] \\ \leqslant & e_{xs}^{\mathrm{T}}(t) \sum_{i=1}^{N} h_i (A^i - L_i C^i)^{\mathrm{T}} P e_{xs}(t) + e_{xs}^{\mathrm{T}}(t) P \sum_{i=1}^{N} h_i (A^i - L_i C^i) e_{xs}(t) + \\ & 2e_{xs}^{\mathrm{T}}(t) PD[d(t)-\hat{d}(t)] \end{aligned} \tag{3.47}$$

引理 3.2： 给定对称正定矩阵 P 以及适维的向量 x 和 y，则如下不等式成立

$$2x^{\mathrm{T}} P y \leqslant x^{\mathrm{T}} P x + y^{\mathrm{T}} P^{-1} y, x, y \in R^n \tag{3.48}$$

基于引理 3.2，对于一个给定的对称正定矩阵 P，则有

$$\begin{aligned} 2e_{xs}^{\mathrm{T}}(t) PD[d(t)-\hat{d}(t)] &\leqslant e_{xs}^{\mathrm{T}}(t) P e_{xs}(t) + [Dd(t)-D\hat{d}(t)]^{\mathrm{T}} P^{-1} [Dd(t)-D\hat{d}(t)] \\ &\leqslant e_{xs}^{\mathrm{T}}(t) P e_{xs}(t) + \lambda_{\max}(P^{-1}) \| D \|^2 (\| d(t) \| + \| \hat{d}(t) \|)^2 \\ &\leqslant e_{xs}^{\mathrm{T}}(t) P e_{xs}(t) + 4\beta^2 \| D \|^2 \lambda_{\max}(P^{-1}) \end{aligned} \tag{3.49}$$

其中 $\lambda_{\max}(P^{-1})$ 是矩阵 P^{-1} 的最大特征值。根据式(3.47)～式(3.49)，有

$$\dot{V}(t) \leqslant e_{xs}^{\mathrm{T}}(t)\sum_{i=1}^{N}h_i(A^i-L_iC^i)^{\mathrm{T}}Pe_{xs}(t)+e_{xs}^{\mathrm{T}}(t)P\sum_{i=1}^{N}h_i(A^i-L_iC^i)$$
$$e_{xs}(t)+e_{xs}^{\mathrm{T}}(t)Pe_{xs}(t)+4\beta^2\|D\|^2\lambda_{\max}(P^{-1})$$
$$=e_{xs}^{\mathrm{T}}(t)\Xi_1e_{xs}(t)+\delta \tag{3.50}$$

其中 $\Xi_1=\sum_{i=1}^{N}h_i(A^i-L_iC^i)^{\mathrm{T}}P+P\sum_{i=1}^{N}h_i(A^i-L_iC^i)+P, \delta=4\beta^2\|D\|^2\lambda_{\max}(P^{-1})$。

如果条件式(3.46) 成立，令 $\sigma_1=\lambda_{\min}(-\Xi_1)$，

则

$$\dot{V}(t)\leqslant-\sigma_1\|e_{xs}(t)\|^2+\delta \tag{3.51}$$

当 $\|e_{xs}(t)\|^2>\dfrac{\delta}{\sigma_1}$ 时，$\dot{V}(t)<0$，即根据 Lyapunov 稳定性理论可得 $\left\{e_{xs}(t)\,\middle|\,\|e_{xs}(t)\|^2\leqslant\dfrac{\delta}{\sigma_1}\right\}$。

假设第 s 个执行器发生故障，则状态估计误差可以表示为

$$\dot{e}_{xs}(t)=(A^i-L_iC^i)e_{xs}(t)+b_{i,s}[-\mu_s\bar{\rho}_s|u_s|-\beta_s(t-T_0)\rho_s(t)u_s(t)]+$$
$$D[d(t)-\hat{d}(t)] \tag{3.52}$$

定义 $\phi_{is}(t)$ 为第 s 个执行器故障发生时，对应于第 i 条模糊规则的 ToMFIR 残差值，根据定理 2.1 可得

$$\lim_{t\to\infty}\phi_{is}(t)=C^i(A^i)^{-1}b_{i,s}\lim_{t\to\infty}\beta_s(t-T_0)\rho_s(t)u_s(t) \tag{3.53}$$

定理 3.4： 如果输出残差左乘矩阵 $M_i=I-C(A^i)^{-1}L_i$，则与 $\phi_{is}(t)$ 的极限值存在如下关系

$$\lim_{t\to\infty}M_ie_{ys}(t)=\lim_{t\to\infty}\phi_{is}(t)+C^i(A^i)^{-1}b_{i,s}\mu_s\bar{\rho}_s|u_s|+C^i(A^i)^{-1}D\lim_{t\to\infty}[\hat{d}(t)-d(t)] \tag{3.54}$$

其中 L_i 是 Luenberger 观测器的增益矩阵。

证明：

$$\lim_{t\to\infty}M_ie_{ys}(t)$$
$$=\lim_{t\to\infty}[I-C^i(A^i)^{-1}L_i]C^i(A^i-L_iC^i)^{-1}$$
$$\left[b_{i,s}\beta_s(t-T_0)\rho_s(t)u_s(t)+b_{i,s}\mu_s\bar{\rho}_s|u_s|+D[\hat{d}(t)-d(t)]\right]$$
$$=\lim_{t\to\infty}C^i[I-(A^i)^{-1}L_iC^i](A^i-L_iC^i)^{-1}$$

$$[b_{i,s}\beta_s(t-T_0)\rho_s(t)u_s(t)+b_{i,s}\mu_s\bar{\rho}_s|u_s|+D[\hat{d}(t)-d(t)]]$$

$$=\lim_{t\to\infty}C^i(A^i)^{-1}(A^i-L_iC^i)(A^i-L_iC^i)^{-1}$$

$$[b_{i,s}\beta_s(t-T_0)\rho_s(t)u_s(t)+b_{i,s}\mu_s\bar{\rho}_s|u_s|+D[\hat{d}(t)-d(t)]]$$

$$=\lim_{t\to\infty}\phi_{is}(t)+C^i(A^i)^{-1}b_{i,s}\mu_s\bar{\rho}_s|u_s|+C^i(A^i)^{-1}D\lim_{t\to\infty}[\hat{d}(t)-d(t)]$$

根据定理 3.2 和定理 2.2，修改之后的观测器残差项可以作为新的故障指示器，同时

$$e_{ys}(t)=\sum_{i=1}^{N}M_i^{-1}\phi_{is}(t)+\sum_{i=1}^{N}M_i^{-1}C^i(A^i)^{-1}b_{i,s}\mu_s\bar{\rho}_s|u_s|+\sum_{i=1}^{N}M_i^{-1}C^i(A^i)^{-1}D[\hat{d}(t)-d(t)] \tag{3.55}$$

根据三角不等式，可以得到如下关系

$$\begin{aligned}&\|e_{ys}(t)\|\\ \leqslant&\sum_{i=1}^{N}\|M_i^{-1}\|\cdot\|\phi_{is}(t)\|+\left\|\sum_{i=1}^{N}M_i^{-1}C^i(A^i)^{-1}b_{i,s}\mu_s\bar{\rho}_s|u_s|\right\|+\\&\left\|\sum_{i=1}^{N}M_i^{-1}C^i(A^i)^{-1}D\right\|\cdot\|\hat{d}(t)-d(t)\|\\ \leqslant&\sum_{i=1}^{N}\|M_i^{-1}\|\cdot\|\phi_{is}(t)\|+\left\|\sum_{i=1}^{N}M_i^{-1}C^i(A^i)^{-1}b_{i,s}\mu_s\bar{\rho}_s|u_s|\right\|+\\&\left\|\sum_{i=1}^{N}M_i^{-1}C^i(A^i)^{-1}D\right\|\cdot\max\left\{\|e_X(0)\|,2\eta^{-1}a_u\left\|P\sum_{i=1}^{N}h_i\bar{b}_{i,l}\right\|\right\}\end{aligned} \tag{3.56}$$

根据先前设置的故障检测阈值(3.27)，则

$$\begin{aligned}\|e_{ys}(t)\|\leqslant&\sum_{i=1}^{N}\|M_i^{-1}\|\cdot(\alpha_0\theta_{is}\mathrm{e}^{-\lambda_{is}t}+\theta_{is}\beta\|D\|\int_0^t\mathrm{e}^{-\lambda_{is}(t-\tau)}d\tau)+\\&\left\|\sum_{i=1}^{N}M_i^{-1}C^i(A^i)^{-1}b_{i,s}\mu_s\bar{\rho}_s|u_s|\right\|+\left\|\sum_{i=1}^{N}M_i^{-1}C^i(A^i)^{-1}D\right\|\cdot\\&\max\left\{\|e_X(0)\|,2\eta^{-1}a_u\left\|P\sum_{i=1}^{N}h_i\bar{b}_{i,l}\right\|\right\}\triangleq T_I\end{aligned} \tag{3.57}$$

其中 T_I 是基于 ToMFIR 残差的隔离阈值，进一步可以得到如下的故障隔离机制

$$\begin{cases}r_s(t)\leqslant T_I,l=s\\ r_s(t)>T_I,l\neq s\end{cases} \tag{3.58}$$

式中 $l=s$ 表示第 l 个执行器为故障执行器，$r_s(t)=\|e_{ys}(t)\|=\|y_s(t)-\hat{y}_s(t)\|$。

3.2.5 微小故障估计

在故障执行器被隔离之后，故障估计机制将被激活。假设第 s 个执行器发生早期微小故障，故障系统可以描述为

$$\begin{cases}\dot{x}_s(t)=\sum_{i=1}^{N}h_iA^ix_s(t)+\sum_{i=1}^{N}h_iB^iu(t)-\sum_{i=1}^{N}h_ib_{i,s}\left[\beta_s(t-T_0)\rho_s(t)u_s(t)\right]+\sum_{i=1}^{N}h_iDd(t)\\ y_s(t)=\sum_{i=1}^{N}h_iC^ix_s(t)\end{cases}\tag{3.59}$$

设计如下形式的模糊状态观测器用以估计执行器的早期故障。

模糊观测器规则 i：if$z_1(t)$ is$M_{1,g(i)}$，$z_2(t)$ is$M_{2,g(i)}$，…，and$z_q(t)$ is$M_{q,g(i)}$，then

$$\begin{cases}\dot{\hat{x}}_s(t)=A^i\hat{x}_s(t)+B^iu(t)-b_{i,s}\left[\hat{\beta}_s(t-T_0)\hat{\rho}_s(t)u_s(t)\right]+L_i\left[y_s(t)-\hat{y}_s(t)\right]\\ \hat{y}_s(t)=C^i\hat{x}_s(t)\end{cases}\tag{3.60}$$

其中，L_i 是对应于第 i 条模糊规则的观测器增益矩阵；$\hat{\beta}_s(t-T_0)$ 和 $\hat{\rho}_s(t)$ 分别为 $\beta_s(t-T_0)$ 和 $\rho_s(t)$ 的估计值；$\rho_s(t)$ 的值预设为 1（表示启始时系统中无故障）直到故障发生为止。进一步，全局模糊观测器可以表示为

$$\begin{cases}\dot{\hat{x}}_s(t)=\sum_{i=1}^{N}h_i\left[A^i\hat{x}_s(t)+B^iu(t)\right]-\sum_{i=1}^{N}h_ib_{i,s}\left[\hat{\beta}_s(t-T_0)\hat{\rho}_s(t)u_s(t)\right]+\\ \qquad\sum_{i=1}^{N}h_iL_i\left[y_s(t)-\hat{y}_s(t)\right]\\ \hat{y}_s(t)=\sum_{i=1}^{N}h_iC^i\hat{x}_s(t)\end{cases}\tag{3.61}$$

根据式(3.11) 中 $\beta_i(t-T_0)$ 的定义，由于数值 $|-a_s(t-T_0)|$ 很小，由泰勒定理可得到如下的近似关系

$$\beta_s(t-T_0)\approx1-\left[1-a_s(t-T_0)\right]=a_s(t-T_0)\tag{3.62}$$

定义 $f_s(t)=a_s(t-T_0)\rho_s(t)$ 为第 s 个执行器故障；$e_{xs}(t)=x_s(t)-\hat{x}_s(t)$；$e_{ys}(t)=y_s(t)-\hat{y}_s(t)$；$e_{fs}(t)=f_s(t)-\hat{f}_s(t)$，其中 $\hat{f}_s(t)$ 为第 s 个执行器故障的估计值，即

$$\dot{\hat{f}}_s(t) = -\Gamma e_{ys}(t) \tag{3.63}$$

其中 Γ 是学习率，则误差动态可以描述为

$$\begin{cases} \dot{e}_{xs}(t) = \sum_{i=1}^{N} h_i \left[(A^i - L_i C^i) e_{xs}(t) - b_{i,s} e_{fs}(t) u_s(t) + Dd(t) \right] \\ \dot{e}_{fs}(t) = \sum_{i=1}^{N} h_i \left[\Gamma C^i e_{xs}(t) + \dot{f}_s(t) \right] \end{cases} \tag{3.64}$$

全局增广的误差动态可以描述为

$$\dot{e}_{x|f}(t) = \sum_{i=1}^{N} h_i \left[(\widetilde{A}^i - \widetilde{L}_i \widetilde{C}^i) e_{x|f}(t) + \Xi \upsilon(t) \right] \tag{3.65}$$

其中 $e_{x|f}(t) = \begin{bmatrix} e_{xs}(t) \\ e_{fs}(t) \end{bmatrix}$，$\widetilde{A}^i = \begin{bmatrix} A^i & 0 \\ 0 & 0 \end{bmatrix}$，$\widetilde{L}_i = \begin{bmatrix} L_i \\ -\Gamma \end{bmatrix}$，$\widetilde{C}^i = \begin{bmatrix} C^i & 0 \end{bmatrix}$，

$\upsilon(t) = \begin{bmatrix} e_{fs}(t) u_s(t) \\ d(t) \\ \dot{f}_s(t) \end{bmatrix}$，$\Xi = \begin{bmatrix} -b_{i,s} & D & 0 \\ 0 & 0 & I \end{bmatrix}$。

定理 3.5：对于给定的常数 $\gamma > 0$，如果存在对称矩阵 $P > 0$ 和矩阵 Y 满足如下线性矩阵不等式

$$\begin{bmatrix} \sum_{i=1}^{N} h_i \left[(\widetilde{A}^i)^{\mathrm{T}} P + P\widetilde{A}^i - Y\widetilde{C}^i - (\widetilde{C}^i)^{\mathrm{T}} Y^{\mathrm{T}} \right] & P\sum_{i=1}^{N} h_i \Xi & I \\ * & -\gamma I & 0 \\ * & * & -\gamma I \end{bmatrix} < 0 \tag{3.66}$$

其中 $Y = P\widetilde{L}_i$，则所设计的故障估计观测器（3.61）和（3.63）可以同时保证状态估计误差和故障估计误差的收敛，并满足 $\| e_{x|f}(t) \|_2 < \gamma \| \upsilon(t) \|_2$。

证明：根据文献［80］中的引理 2.2，对于一个常数 $\gamma > 0$，存在一个实对称矩阵 $X > 0$ 满足

$$\sum_{i=1}^{N} h_i (\widetilde{A}^i - \widetilde{L}_i \widetilde{C}^i)^{\mathrm{T}} X + X \sum_{i=1}^{N} h_i (\widetilde{A}^i - \widetilde{L}_i \widetilde{C}^i) + \gamma^{-2} X \sum_{i=1}^{N} h_i \Xi \cdot \sum_{i=1}^{N} h_i \Xi^{\mathrm{T}} X + I < 0 \tag{3.67}$$

进一步使用 Schur 补引理，可以得到

$$\begin{bmatrix} \sum_{i=1}^{N} h_i(\widetilde{A}^i - \widetilde{L}_i\widetilde{C}^i)^{\mathrm{T}} X + X\sum_{i=1}^{N} h_i(\widetilde{A}^i - \widetilde{L}_i\widetilde{C}^i) & X\sum_{i=1}^{N} h_i \Xi & I \\ \sum_{i=1}^{N} h_i \Xi^{\mathrm{T}} X & -\gamma^2 I & 0 \\ I & 0 & -I \end{bmatrix} < 0 \tag{3.68}$$

令 $X=\gamma P$，则

$$\begin{bmatrix} \sum_{i=1}^{N} h_i(\widetilde{A}^i - \widetilde{L}_i\widetilde{C}^i)^{\mathrm{T}} \gamma P + \gamma P\sum_{i=1}^{N} h_i(\widetilde{A}^i - \widetilde{L}_i\widetilde{C}^i) & \gamma P\sum_{i=1}^{N} h_i \Xi & I \\ \sum_{i=1}^{N} h_i \Xi^{\mathrm{T}} \gamma P & -\gamma^2 I & 0 \\ I & 0 & -I \end{bmatrix} < 0 \tag{3.69}$$

对不等式（3.69）分别左乘、右乘对角矩阵 $\mathrm{diag}\{\gamma^{-\frac{1}{2}} I, \gamma^{-\frac{1}{2}} I, \gamma^{\frac{1}{2}} I\}$，则可得

$$\begin{bmatrix} \sum_{i=1}^{N} h_i(\widetilde{A}^i - \widetilde{L}_i\widetilde{C}^i)^{\mathrm{T}} P + P\sum_{i=1}^{N} h_i(\widetilde{A}^i - \widetilde{L}_i\widetilde{C}^i) & P\sum_{i=1}^{N} h_i \Xi & I \\ \sum_{i=1}^{N} h_i \Xi^{\mathrm{T}} P & -\gamma I & 0 \\ I & 0 & -\gamma I \end{bmatrix} < 0 \tag{3.70}$$

令 $Y=P\widetilde{L}_i$，则

$$\begin{bmatrix} \sum_{i=1}^{N} h_i \left[(\widetilde{A}^i)^{\mathrm{T}} P + P\widetilde{A}^i - Y\widetilde{C}^i - (\widetilde{C}^i)^{\mathrm{T}} Y^{\mathrm{T}}\right] & P\sum_{i=1}^{N} h_i \Xi & I \\ * & -\gamma I & 0 \\ * & * & -\gamma I \end{bmatrix} < 0 \tag{3.71}$$

3.3 实例仿真

3.3.1 CRH 牵引电机模糊建模及分析

CRH2 型动车组列车装备的是三相笼式异步电机，其物理模型[81] 可以描

述如下

$$
\begin{cases}
\dot{i}_{sd}=-\gamma_{sr}i_{sd}+\omega_s i_{sq}+\dfrac{k_s}{\tau_r}\psi_{rd}+k_s n_p\omega_r\psi_{rq}+\dfrac{1}{\sigma L_s}u_{sd}\\
\dot{i}_{sq}=-\omega_s i_{sd}-\gamma_{sr}i_{sq}-k_s n_p\omega_r\psi_{rd}+\dfrac{k_s}{\tau_r}\psi_{rq}+\dfrac{1}{\sigma L_s}u_{sq}\\
\dot{\psi}_{rd}=\dfrac{L_m}{\tau_r}i_{sd}-\dfrac{1}{\tau_r}\psi_{rd}+(\omega_s-n_p\omega_r)\psi_{rq}\\
\dot{\psi}_{rq}=\dfrac{L_m}{\tau_r}i_{sq}-(\omega_s-n_p\omega_r)\psi_{rd}-\dfrac{1}{\tau_r}\psi_{rq}\\
\dot{\omega}_r=\mu(\psi_{rd}i_{sq}-\psi_{rq}i_{sd})-\dfrac{b}{J_0}\omega_r-\dfrac{T_L}{J_0}
\end{cases}
\tag{3.72}
$$

其中，i、ψ、u、ω 分别为电流、磁链、输入电压以及角速度；下标 s 和 r 分别表征定子和转子回路；下标 d 和 q 分别对应于旋转坐标系中 d 轴和 q 轴分量；R_r 和 R_s 为电阻值；L_s 和 L_r 为线圈自感；L_m 为线圈互感；J_0 为转子的转动惯量；T_L 为负载转矩；n_p 为感应电机的磁极对数。此外，$\sigma=1-\dfrac{L_m^2}{L_sL_r}$，$k_s=\dfrac{M}{\sigma L_sL_r}$，$\tau_r=\dfrac{L_r}{R_r}$，$\tau_s=\dfrac{L_s}{R_s}$，$\gamma_{sr}=\dfrac{1}{\sigma\tau_s}+\dfrac{1-\sigma}{\sigma\tau_r}$，$\mu=\dfrac{n_pL_m}{J_0L_r}$，$\omega_s=n_p\omega_r+\dfrac{L_m}{\tau_r\psi_{rd}}i_{sq}$，相关参数值详见表 3.1。

表 3.1 CRH2 型动车组列车牵引电机参数

符号	描述	数值	单位
R_s	定子电阻	0.144	Ω
R_r	转子电阻	0.146	Ω
u_s	定子回路输入电压	2000	V
i_s	定子回路电流	106	A
ω	转子转速	4140	r/min
n_p	感应电机磁极对数	1	对
L_s	定子回路自感	0.00142	H
L_r	转子回路自感	0.00129	H
L_m	转子回路互感	0.0328	H
T_L	牵引电机负载转矩(额定)	4600	N·m
J_0	牵引电机转子转动惯量	2	kg·m^2
b	阻尼系数	0.1	N·s/m

本书所提出的早期执行器微小故障检测、隔离和估计算法在如图 3.2 所示的半实物仿真模型中进行理论验证，所模拟的驱动电路故障在早期阶段发展缓慢，但在某一个特定时刻会演变为诸如开路或短路的突变故障。

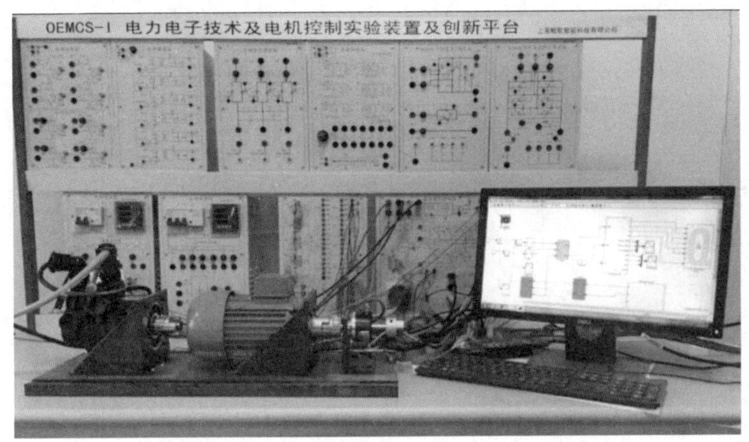

图 3.2 CRH2 型动车组列车牵引系统半实物仿真模型

如果将每个变量都选为前件变量的话，会导致模糊规则和计算量的繁复。考虑到工程测量上的方便，选取 $z_1(t)=i_{sd}(t)$，$z_2(t)=i_{sq}(t)$ 和 $z_3(t)=\omega_r(t)$ 为模糊前件变量，在尽可能减少规则数目的同时保证了模型的精度。进一步，假设 $z_1\in[-100,100]$A，$z_2(t)\in[-100,100]$A，$z_3(t)\in[-425,425]$ rad/s。根据本章先前小节的论述，令前件变量 $z_j\ (j=1,2,3)$ 的论域为 $U_j=[d_j,D_j]$，其中 $d_j=\min(z_j)$，$D_j=\max(z_j)$，则对应的模糊隶属度函数可以定义为

$$\begin{aligned} M_{11}=\frac{z_1-d_1}{D_1-d_1} \quad M_{12}=\frac{D_1-z_1}{D_1-d_1} \quad M_{21}=\frac{z_2-d_2}{D_2-d_2} \\ M_{22}=\frac{D_2-z_2}{D_2-d_2} \quad M_{31}=\frac{z_3-d_3}{D_3-d_3} \quad M_{32}=\frac{D_3-z_3}{D_3-d_3} \end{aligned} \tag{3.73}$$

根据以上论述，选取 8 个工作点，分别为 $[z_1,z_2,z_3]=[80,95,400]$，$[-80,-95,-400]$，$[-80,-95,400]$，$[-80,95,-400]$，$[-80,95,400]$，$[80,-95,-400]$，$[80,95,-400]$，$[80,-95,400]$。每个局部线性模型所对应的权重函数定义如下

$$\begin{aligned} h_1=M_{11}M_{21}M_{31} \quad h_2=M_{11}M_{21}M_{32} \quad h_3=M_{11}M_{22}M_{31} \quad h_4=M_{11}M_{22}M_{32} \\ h_5=M_{12}M_{21}M_{31} \quad h_6=M_{12}M_{21}M_{32} \quad h_7=M_{12}M_{22}M_{31} \quad h_8=M_{12}M_{22}M_{32} \end{aligned} \tag{3.74}$$

根据以上论述，可以得到 8 条模糊规则及对应的局部线性模型，因为空间有限，此处仅以第 1 条模糊规则及其所对应的局部线性模型为例。

模糊规则 1：if$z_1(t)$is 80A，$z_2(t)$is 95A and$z_3(t)$is 400rad/s，then

$$G_{01}:\begin{cases}\dot{x}_0(t)=A^1x_0(t)+B^1u_0(t)\\ y_0(t)=C^1x_0(t)\end{cases} \tag{3.75}$$

$$G_1:\begin{cases}\dot{x}(t)=A^1x(t)+B^1u^f(t)+Dd(t)\\ y(t)=C^1x(t)\end{cases} \tag{3.76}$$

其中

$$A^1=\begin{bmatrix}-\gamma & (n_pD_3+MD_2/\tau_r\psi_r) & K_s/\tau_r & K_sn_pD_3 & 0\\ -(n_pD_3+MD_2/\tau_r\psi_r) & -\gamma & -K_sn_pD_3 & K_s/\tau_r & 0\\ M/\tau_r & 0 & -1/\tau_r & MD_2/\tau_r\psi_r & 0\\ 0 & M/\tau_r & -MD_2/\tau_r\psi_r & -1/\tau_r & 0\\ 0 & 0 & \mu D_2 & -\mu D_1 & -b/J\end{bmatrix},$$

$$B^1=\begin{bmatrix}1/\sigma L_s & 0 & 0 & 0 & 0\\ 0 & 1/\sigma L_s & 0 & 0 & 0\end{bmatrix}^{\mathrm{T}},\ C^1=\begin{bmatrix}1&0&0&0&0\\0&1&0&0&0\\0&0&0&0&1\end{bmatrix},\ u^f(t)=\begin{bmatrix}u_1^f(t)\\ u_2^f(t)\end{bmatrix}。$$

情况 1：$D=[0\quad 0\quad 0\quad 0\quad -1/J]^{\mathrm{T}}$，$d(t)=\Delta T_L$

情况 2：$D=\begin{bmatrix}0&0&0&0&-1/J\\0&0&0&0&-1/J\end{bmatrix}^{\mathrm{T}}$，$d(t)=\begin{bmatrix}\Delta T_L\\ T_f\end{bmatrix}$

其中，ΔT_L 表示负载转矩的变化，T_f 是阻力转矩（摩擦转矩）。

在本章节的研究中，假设同一时刻只有一个执行器故障发生，故障模型描述如下

$$u_1^f(t)=\begin{cases}u_1(t), & 0<t<1\\ [1-\beta_1(t-T_0)\rho_1(t)]u_1(t), & 1\leqslant t<5\\ [1-\rho'_1(t)]u_1(t), & 5\leqslant t<8\end{cases}$$

$$u_2^f(t)=u_2(t) \tag{3.77}$$

其中 $T_0=1\text{s}$，$\rho_1(t)=0.05$，$a_1=0.8$，$\rho_1'(t)=0.15$。感应电机的控制输入在 [1s,5s) 表现出缓慢失效 5%的特性，用以表征驱动电路的早期故障。在第 5s 时刻，牵引电机的电压输入表现出突然失效 15%的特性，用以表征驱动电路中的突发故障或定子绕组短路故障等。

3.3.2 仿真结果及分析

利用 Matlab LMI 工具箱求解矩阵不等式(3.46)，可以得到矩阵 F_i，L_i $(i=1,2,\cdots,8)$ 和 P，以工作点 1 为例

$$F_1=\begin{bmatrix}-402.0860 & 3.6859 & -5.3175\\ 3.6859 & -390.0342 & -7.2304\end{bmatrix}$$

$$L_1=1.0e+004*\begin{bmatrix}0.0159 & 0.0019 & 0.0004\\ 0.0064 & 0.0114 & 0.0012\\ -3.1610 & 2.1005 & 0.0154\\ -9.9238 & 1.4776 & 0.6000\\ 0.2689 & 0.0422 & 0.0256\end{bmatrix}$$

$$P=\begin{bmatrix}334.7625 & -3.0688 & 0 & 0 & 4.4272\\ -3.0688 & 324.7286 & 0 & 0 & 6.0198\\ 0 & 0 & 477.9781 & -140.4014 & 16.3699\\ 0 & 0 & -140.4014 & 127.5047 & -13.9345\\ 4.4272 & 6.0198 & 16.3699 & -13.9345 & 323.1012\end{bmatrix}$$

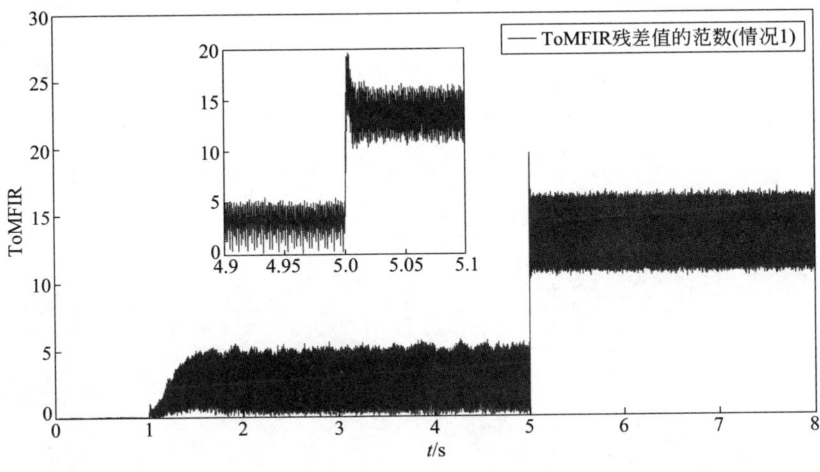

图 3.3 基于 ToMFIR 残差的故障检测（情况 1）

如图 3.3 所示，针对情况 1，ToMFIR 残差在 $t=1$s 时发生了漂移并在 $t=5$s 时产生了剧烈的跳变，分别指示出驱动电路中的早期缓变故障和突变故障。

如图 3.4 所示，当系统结构不符合假设 3.1 时，$ToMFIR^1(t)$ 和 $ToMFIR^2(t)$

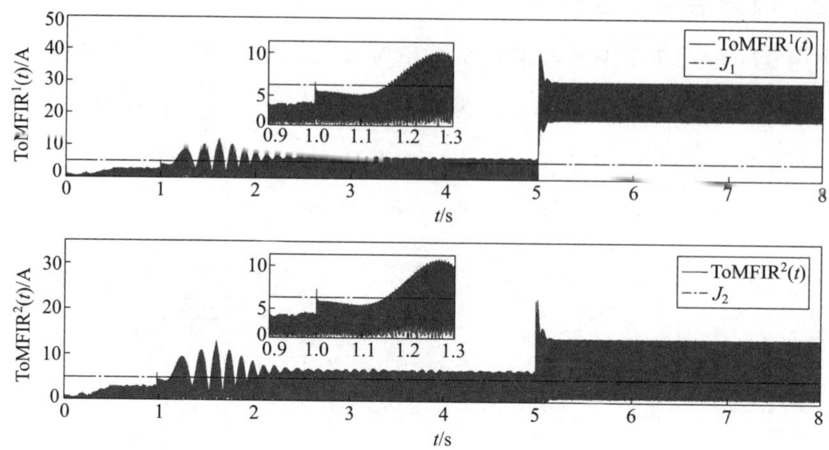

图 3.4 基于 ToMFIR 残差的故障检测（情况 2）

分别超出了所对应的检测阈值 $J_1(t)$ 和 $J_2(t)$。本书所设计的基于 ToMFIR 残差和动态阈值的检测机制可以保证在突变故障发生之前检测出驱动电路中的微小故障。

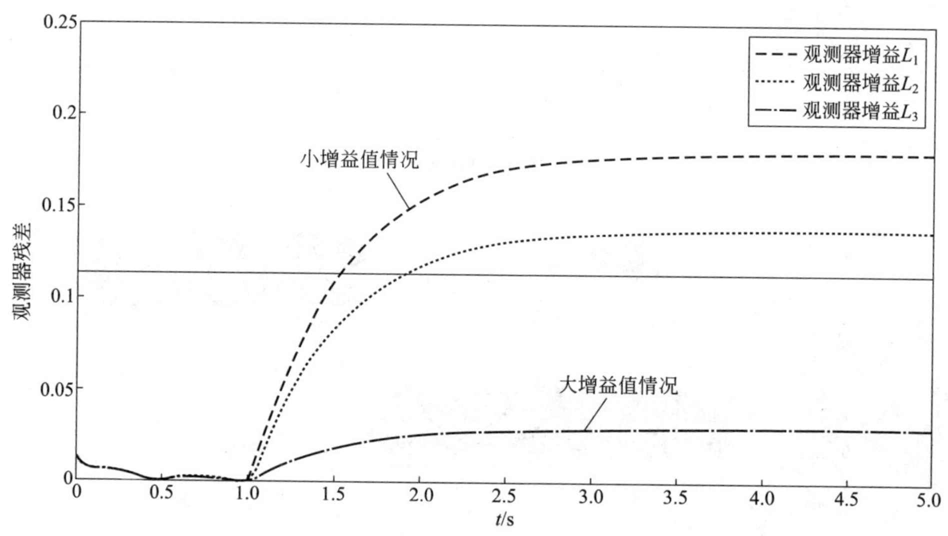

图 3.5 基于观测器残差的故障检测（情况 2）

图 3.5 所示为基于 Luenberger 观测器的故障检测残差，其中 L_1 为检测阈值，图中的 3 条残差曲线分别对应于不同的观测器增益取值。结果表明，当增益取值变大时，观测器残差的幅值将减小，甚至发生故障的漏报。此仿真结果

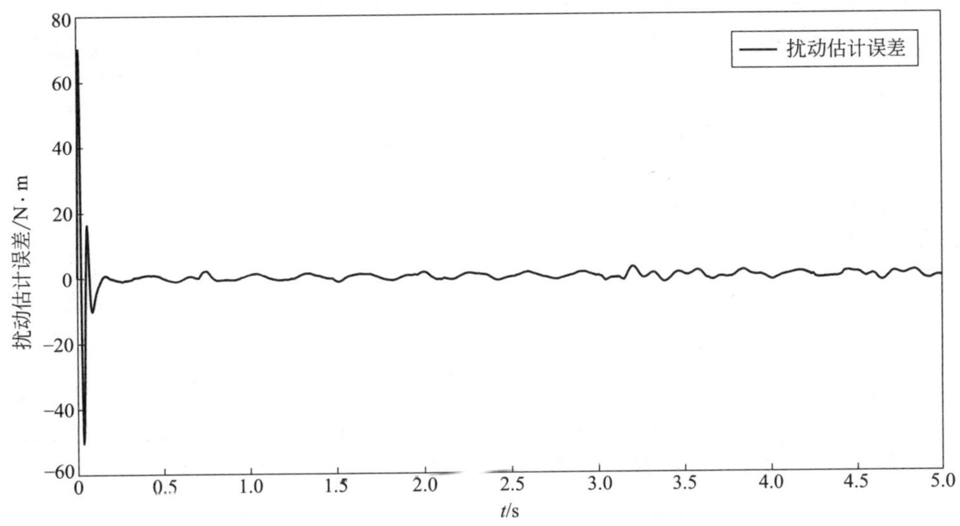

图 3.6 基于扰动观测器的扰动估计误差（情况 2）

也例证了第 2 章中“大观测器增益会压缩故障信息”的理论。

基于扰动观测器的扰动估计误差如图 3.6 所示。如图 3.7 所示，基于滑模观测器和基于 ToMFIR 残差阈值的故障隔离机制可以有效、快速地隔离执行器的早期微小故障，其中隔离阈值 T_I 选取可根据式(3.57) 中的定义。如图 3.8 所示，本章所设计的估计机制可以同时保证早期微小故障和突变故障的估计速度和精度。

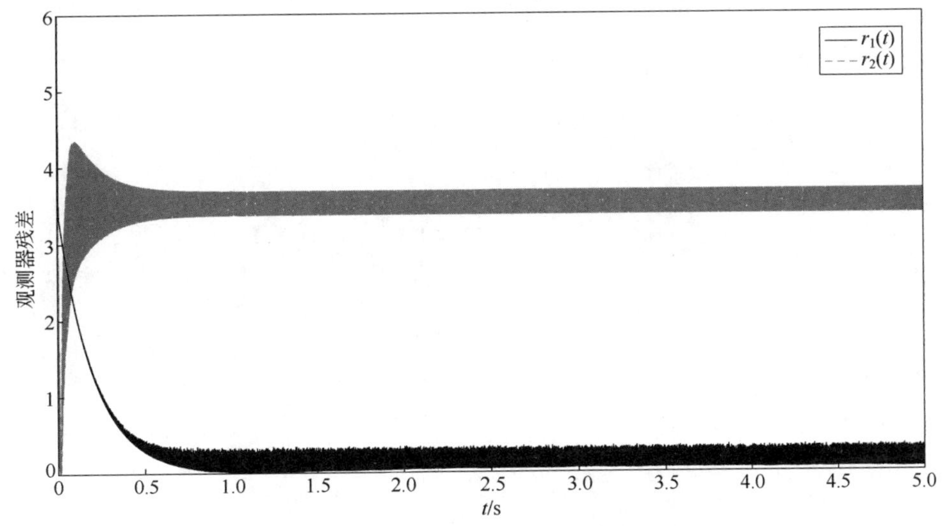

图 3.7 早期故障隔离（隔离阈值 $T_I=2$）

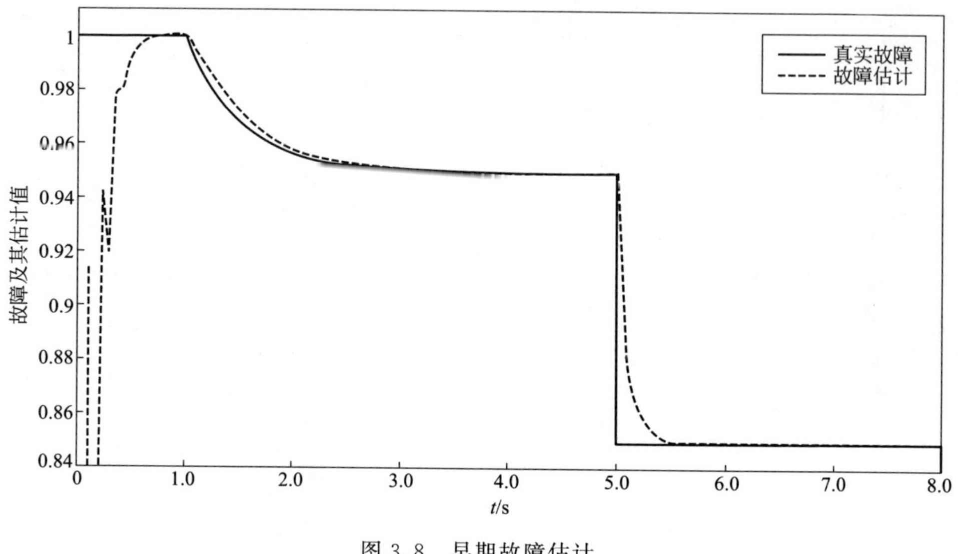

图 3.8　早期故障估计

3.4　小结

本章给出了基于 ToMFIR 残差的进一步研究结果，并给出了 T-S 模糊系统中早期执行器微小故障的检测、隔离和估计的方案。本章的主要创新点：

① 消除了基于 ToMFIR 残差的故障检测对于系统结构的约束；

② 给出了形式更为一般的基于 ToMFIR 残差的故障诊断架构，可以作为针对非线性系统早期微小故障诊断的前期探索。后续工作将围绕基于 ToMFIR 残差的非线性系统早期故障诊断展开。

第4章 基于 ToMFIR 残差和滑模观测器理论的传感器复合微小故障诊断方法及应用

第3章中针对 T-S 模糊系统设计了基于 ToMFIR 残差的执行器微小故障检测、隔离和估计方案。本章将这种诊断架构向形式更为一般的非线性系统进行理论拓展并论证其在传感器发生微小故障，尤其当故障呈现并发特性时的诊断可行性。控制系统中传感器的作用是收集系统的信息，其并不会直接影响系统的运行性能，所以传感器的故障诊断其本身就比执行器的故障诊断要困难。考虑到实际的工程应用背景，传感器的早期故障往往还会呈现并发的特性。现有的复合故障诊断[82-84] 的相关文献非常有限，其中针对传感器复合故障诊断[85,86] 的研究更少。遗憾的是，这些前期研究工作都没有考虑闭环控制结构，以及早期微小故障的特性对于故障诊断的影响。本章所提诊断算法应用于 CRH2 型动车组列车的电机牵引控制系统中，针对电流传感器、转速传感器微小故障并发的情况，实现了传感器故障的快速检测和准确隔离。

4.1 系统建模

考虑如下形式的一类非线性系统 G，及其所对应的正则模型 G_N

$$G:\begin{cases}\dot{x}(t)=Ax(t)+f(x,t)+Bu(t)+E\Delta\varphi(t)\\ y(t)=Cx(t)+F\beta(t-T_0)\theta_s(t)\end{cases}\tag{4.1}$$

$$G_N:\begin{cases}\dot{x}_N(t)=Ax_N(t)+f(x_N,t)+Bu_N(t)\\ y_N(t)=Cx_N(t)\end{cases}\tag{4.2}$$

其中 $x\in R^n$、$u\in R^m$ 和 $y\in R^p$ 分别为真实的系统状态、控制输入和系统输出；$x_N\in R^n$、$u_N\in R^m$ 和 $y_N\in R^p$ 分别表示正则系统的状态、控制输入和系统输出。$A\in R^{n\times n}$、$B\in R^{n\times m}$、$C\in R^{p\times n}$、$E\in R^{n\times r}$ 和 $F\in R^{p\times q}$ 为常数矩

阵，其中矩阵 C 和 F 满秩。$f(x,t)\in R^n$ 和 $f(x_N,t)\in R^n$ 分别为真实系统和正则系统中的非线性项，并且都满足假设 4.2 中的 Lipschitz 条件。未知的非线性项 $\Delta\varphi(t)\in R^r$ 表示建模不确定性或是系统的外部扰动。

从定性的角度来看，$F\beta(t-T_0)\theta_s(t)$ 表示传感器微小故障所带来的系统动态变化，其中矩阵 $F\in R^{p\times q}$ 表示传感器故障位置，向量 $\theta_s(t)\in R^q$ 表示传感器未知的时变漂移。对角矩阵 $\beta(t-T_0)\in R^{q\times q}$ 可以表述为

$$\beta(t-T_0)=\mathrm{diag}[\beta_1(t-T_0),\beta_2(t-T_0),\cdots,\beta_q(t-T_0)] \tag{4.3}$$

其中 T_0 表示未知的故障时刻，$\beta_i(t-T_0)$：$R\mapsto R$，$i=1,2,\cdots,q$ 是一个时间描述函数，用以表示故障对第 i 个状态等式的影响，其中 q 为传感器的个数。

$$\beta_i(t-T_0)=\begin{cases}0 & t<T_0\\ 1-\mathrm{e}^{-a_i(t-T_0)} & t\geqslant T_0\end{cases} \tag{4.4}$$

其中标量 $a_i>0$ 表示未知的故障演变速率，关于其取值的大小对故障特性的影响已在第 2 章中给出了相关讨论。值得注意的是，时间描述函数只反映故障的变化速度（缓变或突变），而其他特性，诸如传感器故障的频率和幅值等均由 $\theta_s(t)$ 描述。因故障隔离研究的需要，假设传感器故障类型数为 q，即 $\theta_s(t)$ 属于如下的一个有限集合 $\theta_s(t)=[\theta_s^{1^{\mathrm{T}}},\theta_s^{2^{\mathrm{T}}},\cdots,\theta_s^{q^{\mathrm{T}}}]^{\mathrm{T}}$。

假设 4.1：$\mathrm{rank}(B)=m$，$\mathrm{rank}(E)=r$，$\mathrm{rank}(C[B\quad E])=m+r$。

假设 4.2：假设非线性项 $f(x,t)$ 和 $f(x_N,t)$ 满足局部 Lipschitz 条件，即 $\forall\ \|x\|\leqslant X$，$\|x'\|\leqslant X$，$\forall\ \|x_N\|\leqslant X_N$，$\|x'_N\|\leqslant X_N$，s. t.

$$\|f(x,t)-f(x',t)\|\leqslant L_f\|x-x'\|,\|f(x_N,t)-f(x'_N,t)\|\leqslant L'_f\|x_N-x'_N\| \tag{4.5}$$

其中 X 和 X_N 为正常数，L_f 和 L'_f 为已知的 Lipschitz 常数。

假设 4.3：$\Delta\varphi(t)$ 未知但有界，且满足 $\|\Delta\varphi(t)\|\leqslant\bar{\varphi}$，$\forall t\geqslant 0$；并假设未知的传感器摄动及其变化率都是范数有界，即 $\|\theta_s(t)\|\leqslant\bar{\theta}$，$\|\dot{\theta}_s(t)\|\leqslant\bar{\bar{\theta}}$，其中 $\bar{\varphi}$、$\bar{\theta}$ 和 $\bar{\bar{\theta}}$ 都是已知的正标量。

假设 4.4：对于任意具有非负实部的复数 s，满足如下条件

$$\mathrm{rank}\begin{bmatrix}sI_n-A & B\\ C & 0\end{bmatrix}=n+\mathrm{rank}(B) \tag{4.6}$$

即最小相位条件。

假设 4.1 可以保证如下两个坐标变换的存在性，即 $z=Tx=[z_1^{\mathrm{T}}z_2^{\mathrm{T}}]^{\mathrm{T}}$，$\eta=Sy=[\eta_1^{\mathrm{T}}\eta_2^{\mathrm{T}}]^{\mathrm{T}}$，其中 $z_1\in R^r$、$z_2\in R^{n-r}$、$\eta_1\in R^r$、$\eta_2\in R^{n-r}$，则

• $TAT^{-1}=\begin{bmatrix}A_{11} & A_{12}\\ A_{21} & A_{22}\end{bmatrix}$，其中 $A_{11}\in R^{r\times r}$、$A_{12}\in R^{r\times(n-r)}$、$A_{21}\in R^{(n-r)\times r}$、$A_{22}\in R^{(n-r)\times(n-r)}$；

• $TB=\begin{bmatrix}B_1\\ B_2\end{bmatrix}$，其中 $B_1\in R^{r\times m}$、$B_2\in R^{(n-r)\times m}$；

• $TE=\begin{bmatrix}E_1\\ 0\end{bmatrix}$，其中 $E_1\in R^{r\times r}$；

• $SCT^{-1}=\begin{bmatrix}C_{11} & 0\\ 0 & C_{22}\end{bmatrix}$，其中 $C_{11}\in R^{r\times r}$、$C_{22}\in R^{(p-r)\times(n-r)}$；

$SF=\begin{bmatrix}0\\ F_2\end{bmatrix}$，其中 $F_2\in R^{(p-r)\times q}$；

则原非线性系统 G 可以变换为如下两个子系统

$$G_1:\begin{cases}\dot{z}_1=A_{11}z_1+A_{12}z_2+f_1(T^{-1}z,t)+B_1u+E_1\Delta\varphi\\ \eta_1=C_{11}z_1\end{cases}\tag{4.7}$$

$$G_2:\begin{cases}\dot{z}_2=A_{21}z_1+A_{22}z_2+f_2(T^{-1}z,t)+B_2u\\ \eta_2=C_{22}z_2+F_2\beta(t-T_0)\theta_s(t)\end{cases}\tag{4.8}$$

式(4.7) 和式(4.8) 中，$T=[T_1^{\mathrm{T}}T_2^{\mathrm{T}}]^{\mathrm{T}}$，$S=[S_1^{\mathrm{T}}S_2^{\mathrm{T}}]^{\mathrm{T}}$，$T_1\in R^{r\times n}$，$S_1\in R^{r\times p}$，$f_1(T^{-1}z,t)=T_1f(T^{-1}z,t)$，$f_2(T^{-1}z,t)=T_2f(T^{-1}z,t)$。真实的系统状态 z_1 可以通过实际的测量输出 y 获得，即 $z_1=C_{11}^{-1}S_1y$。

同理，正则模型 G_N 可以变换为如下两个子系统

$$G_{N1}:\begin{cases}\dot{z}_{N1}=A_{11}z_{N1}+A_{12}z_{N2}+f_1(T^{-1}z_N,t)+B_1u_N\\ \eta_{N1}=C_{11}z_{N1}\end{cases}\tag{4.9}$$

$$G_{N2}:\begin{cases}\dot{z}_{N2}=A_{21}z_{N1}+A_{22}z_{N2}+f_2(T^{-1}z_N,t)+B_2u_N\\ \eta_{N2}=C_{22}z_{N2}\end{cases}\tag{4.10}$$

其中 $f_1(T^{-1}z_N,t)=T_1f(T^{-1}z_N,t)$，$f_2(T^{-1}z_N,t)=T_2f(T^{-1}z_N,t)$。正则系统的状态 z_{N1} 可以通过正则测量输出 y_N 获得，即 $z_{N1}=C_{11}^{-1}S_1y_N$。

本章所考虑的传感器故障类型为加性故障。针对子系统 G_2 设计如式(4.11) 所示的线性滤波器

$$\dot{z}_3=A_az_3+C_{22}z_2+F_2\beta(t-T_0)\theta_s(t)\tag{4.11}$$

其中 $z_3\in R^{p-r}$ 是滤波器的状态；$C_{22}z_2+F_2\beta(t-T_0)\theta_s(t)$ 是子系统 G_2 的

输出；$A_a \in R^{(p-r)\times(p-r)}$ 是一个待设计的常数矩阵，且为 Hurwitz 矩阵。

进一步可以得到如下的增广系统

$$\underbrace{\begin{bmatrix}\dot{z}_2\\ \dot{z}_3\end{bmatrix}}_{\dot{z}'_2}=\underbrace{\begin{bmatrix}A_{22} & 0\\ C_{22} & A_a\end{bmatrix}}_{\bar{A}_{22}}\underbrace{\begin{bmatrix}z_2\\ z_3\end{bmatrix}}_{z'_2}+\underbrace{\begin{bmatrix}A_{21}\\ 0\end{bmatrix}}_{\bar{A}_{21}}z_1+\underbrace{\begin{bmatrix}f_2(T^{-1}z,t)\\ 0\end{bmatrix}}_{F(z'_2,t)}+\underbrace{\begin{bmatrix}B_2\\ 0\end{bmatrix}}_{\bar{B}_2}u+\underbrace{\begin{bmatrix}0\\ F_2\end{bmatrix}}_{\bar{F}_2}\beta(t-T_0)\theta_s(t)$$

$$\eta_3=\bar{C}_{22}z'_2 \tag{4.12}$$

令 $z'_2=[z_2^T\, z_3^T]^{\mathrm{T}}\in R^{n+p-2r}$ 和 $\eta_3\in R^{p-r}$ 为增广系统的状态和输出变量。则式(4.7)～式(4.10) 可以重新表述为

$$G_1:\begin{cases}\dot{z}_1=A_{11}z_1+\widetilde{A}_{12}z'_2+f_1(T^{-1}z,t)+B_1u+E_1\Delta\varphi\\ \eta_1=C_{11}z_1\end{cases} \tag{4.13}$$

$$G_{N1}:\begin{cases}\dot{z}_{N1}=A_{11}z_{N1}+\widetilde{A}_{12}z'_{N2}+f_1(T^{-1}z_N,t)+B_1u_N\\ \eta_{N1}=C_{11}z_{N1}\end{cases} \tag{4.14}$$

$$G_2:\begin{cases}\dot{z}'_2=\bar{A}_{21}z_1+\bar{A}_{22}z'_2+F(z'_2,t)+\bar{B}_2u+\bar{F}_2\beta(t-T_0)\theta_s(t)\\ \eta_3=\bar{C}_{22}z'_2\end{cases} \tag{4.15}$$

$$G_{N2}:\begin{cases}\dot{z}'_{N2}=\bar{A}_{21}z_{N1}+\bar{A}_{22}z'_{N2}+F(z'_{N2},t)+\bar{B}_2u_N\\ \eta_{N3}=\bar{C}_{22}z'_{N2}\end{cases} \tag{4.16}$$

其中

$$\bar{A}_{22}=\begin{bmatrix}A_{22} & 0\\ C_{22} & A_a\end{bmatrix}\in R^{(n+p-2r)\times(n+p-2r)},\ \bar{A}_{21}=\begin{bmatrix}A_{21}\\ 0\end{bmatrix}\in R^{(n+p-2r)\times r};$$

$$\bar{B}_2=\begin{bmatrix}B_2\\ 0\end{bmatrix}\in R^{(n+p-2r)\times m},\ F(z'_2,t)=\begin{bmatrix}f_2(T^{-1}z,t)\\ 0\end{bmatrix}\in R^{n+p-2r};$$

$$\bar{F}_2=\begin{bmatrix}0\\ F_2\end{bmatrix}\in R^{(n+p-2r)\times q},\ \bar{C}_{22}=[0\quad I_{p-r}]\in R^{(p-r)\times(n+p-2r)},$$

$$\widetilde{A}_{12}=[A_{12}\quad 0_{r\times(p-r)}]\in R^{r\times(n+p-2r)}$$

4.2 故障检测方案设计

在本节中，主要针对具有不确定性的非线性系统设计基于 ToMFIR 残差的鲁棒故障检测方案，在此之前，需要假设正则子系统 G_{N2} 的信息已知或可

被预先计算出。基于解耦后的子系统 G_2 构造 ToMFIR 残差。

在系统无故障的情况下，经坐标变换所得子系统 G_2 的输出可以表示为

$$\eta_3=\bar{C}_{22}e^{\bar{A}_{22}t}z'_2(0)+\int_0^t\bar{C}_{22}e^{\bar{A}_{22}(t-\tau)}[\bar{A}_{21}z_1(\tau)+F(z'_2,\tau)+\bar{B}_2u(\tau)]\,d\tau \tag{4.17}$$

同理，经坐标变换所得正则子系统 G_{N2} 的输出可以表示为

$$\eta_{N3}=\bar{C}_{22}e^{\bar{A}_{22}t}z'_{N2}(0)+\int_0^t\bar{C}_{22}e^{\bar{A}_{22}(t-\tau)}[\bar{A}_{21}z_{N1}(\tau)+F(z'_{N2},\tau)+\bar{B}_2u_N(\tau)]\,d\tau \tag{4.18}$$

则输出残差可以表示为

$$\begin{aligned}r_{\eta_3}&=\eta_3-\eta_{N3}\\&=\bar{C}_{22}e^{\bar{A}_{22}t}\tilde{z}'_2(0)+\\&\int_0^t\bar{C}_{22}e^{\bar{A}_{22}(t-\tau)}\{\bar{A}_{21}[z_1(\tau)-z_{N1}(\tau)]+[F(z'_2,\tau)-F(z'_{N2},\tau)]+\bar{B}_2r_u(\tau)\}\,d\tau\end{aligned} \tag{4.19}$$

其中 $\tilde{z}'_2(0)=z'_2(0)-z'_{N2}(0)$。

控制量残差 $r_u(t)$ 作用于正则子系统 G_{N2}，此时的系统形式可以描述为

$$\begin{cases}\dot{\bar{z}}'_{N2}=\bar{A}_{21}\bar{z}_{N1}+\bar{A}_{22}\bar{z}'_{N2}+F(\bar{z}'_{N2},t)+\bar{B}_2r_u\\ \bar{\eta}_{N3}=\bar{C}_{22}\bar{z}'_{N2}\end{cases} \tag{4.20}$$

其中，$\bar{z}'_{N2}$ 和 $\bar{\eta}_{N3}$ 为式(4.20)所示新系统的状态和系统输出。

构造 ToMFIR 残差形式如下

$$\begin{aligned}&ToMFIR(t)\\&=r_{\eta_3}-G_Nr_u(t)\\&=\int_0^t\bar{C}_{22}e^{\bar{A}_{22}(t-\tau)}\{\bar{A}_{21}[z_1(\tau)-z_{N1}(\tau)-\bar{z}_{N1}(\tau)]+[F(z'_2,\tau)-F(z'_{N2},\tau)-F(\bar{z}'_{N2},\tau)]\}\,d\tau+\\&\bar{C}_{22}e^{\bar{A}_{22}t}[\bar{z}'_2(0)-\bar{z}'_{N2}(0)]\end{aligned} \tag{4.21}$$

根据三角不等式，有

$$\begin{aligned}&\|ToMFIR(t)\|\\&\leqslant\left\|\int_0^t\bar{C}_{22}e^{\bar{A}_{22}(t-\tau)}\bar{A}_{21}[z_1(\tau)-z_{N1}(\tau)]d\tau\right\|+\left\|\int_0^t\bar{C}_{22}e^{\bar{A}_{22}(t-\tau)}\bar{z}_{N1}(\tau)d\tau\right\|+\\&\left\|\int_0^t\bar{C}_{22}e^{\bar{A}_{22}(t-\tau)}[F(z'_2,\tau)-F(z'_{N2},\tau)]d\tau\right\|+\left\|\int_0^t\bar{C}_{22}e^{\bar{A}_{22}(t-\tau)}F(\bar{z}'_{N2},\tau)d\tau\right\|+\\&\|\bar{C}_{22}e^{\bar{A}_{22}t}[\tilde{z}'_2(0)-\bar{z}'_{N2}(0)]\|\end{aligned} \tag{4.22}$$

为了故障检测研究的需要，本节给出如下三个引理。

引理 4.1：如果系统满足假设 4.2，则变换后的系统非线性项 $F(z_2',t)$ 关于状态 z_2' 满足局部 Lipschitz 条件，i. e.，$\forall \|z_2'\| \leqslant Z$，$\|z_2''\| \leqslant Z$，s. t.

$$\|F(z_2',t)-F(z_2'',t)\| \leqslant L_f'' \|z_2'-z_2''\| \tag{4.23}$$

其中 Z 是正常数，L_f'' 是已知的 Lipschitz 常数。

证明：根据假设 4.2，可得

$$\begin{aligned}\|Tf(x,t)-Tf(x',t)\| &\leqslant \|T\| \|f(x,t)-f(x',t)\| \leqslant \|T\| \cdot L_f \|x-x'\| \\ &=L_f' \|T^{-1}z-T^{-1}z'\| = L_f' \|z_0-z_0'\|\end{aligned} \tag{4.24}$$

令 $Tf(x,t)=\begin{bmatrix} f_1(T^{-1}z,t) \\ f_2(T^{-1}z,t) \end{bmatrix}=\begin{bmatrix} f_1(z_0,t) \\ f_2(z_0,t) \end{bmatrix}$，则不等式(4.24) 可以写成

$$\begin{aligned}\left\|\begin{bmatrix} f_1(z_0,t) \\ f_2(z_0,t) \end{bmatrix}-\begin{bmatrix} f_1(z_0',t) \\ f_2(z_0',t) \end{bmatrix}\right\| &= \sqrt{[f_1(z_0,t)-f_1(z_0',t)]^2+[f_2(z_0,t)-f_2(z_0',t)]^2} \\ &\leqslant L_f' \|z_0-z_0'\|\end{aligned} \tag{4.25}$$

根据式(4.25)，可得 $\|f_2(z_0,t)-f_2(z_0',t)\| \leqslant L_f' \|z_0-z_0'\|$，同理

$$\left\|\begin{bmatrix} f_2(z_0,t) \\ 0 \end{bmatrix}-\begin{bmatrix} f_2(z_0',t) \\ 0 \end{bmatrix}\right\| = \|f_2(z_0,t)-f_2(z_0',t)\| \leqslant L_f' \|z_0-z_0'\| \tag{4.26}$$

$\therefore \forall \|z_2'\| \leqslant Z$，$\|z_2''\| \leqslant Z$，s. t.

$$\|F(z_2',t)-F(z_2'',t)\| \leqslant L_f'' \|z_2'-z_2''\| \tag{4.27}$$

其中 Z 是正常数，L_f'' 是已知的 Lipschitz 常数。

引理 4.2：假设原系统中的非线性项 $f(x,t)$ 满足 $\|f[x(0)]\|=C_0$，其中 $x(0)$ 是初始状态，C_0 是正常数，则经坐标变换后的非线性项 $F(z_2',t)$ 满足 $\|F[z_2'(0)]\| \leqslant C_0 \|T\|$，其中 $z_2'(0)$ 是变换后的初始状态，T 为变换矩阵。

证明：令 $Tf(x,t)=\begin{bmatrix} f_1(T^{-1}z,t) \\ f_2(T^{-1}z,t) \end{bmatrix}$，则

$$\|Tf[x(0)]\| = \left\|\begin{bmatrix} f_1[x(0)] \\ f_2[x(0)] \end{bmatrix}\right\| \leqslant T \|f[x(0)]\| = C_0 \|T\| \tag{4.28}$$

进一步可得

$$\|F[z_2'(0),t]\| = \left\|\begin{bmatrix} f_2[T^{-1}z(0),t] \\ 0 \end{bmatrix}\right\| = \|f_2[x(0)]\| \leqslant C_0 \|T\| \tag{4.29}$$

引理 4.3（Bellman－Gronwall 引理）：令 t_0 是一给定的时刻，c_0、c_1、c_2 和 λ 为给定的非负常数，$\kappa_0(t)$ 为非负分段连续函数。如果函数 $h(t)$满足如下不等式

$$h(t) \leqslant c_0 e^{-\lambda(t-t_0)} + c_1 + c_2 \int_{t_0}^{t} e^{-\lambda(t-\tau)} \kappa_0(\tau) h(\tau) d\tau, \forall t \geqslant t_0 \tag{4.30}$$

则

$$h(t) \leqslant (c_0 + c_1) e^{-\lambda(t-t_0)} e^{c_2 \int_{t_0}^{t} \kappa_0(s) ds} + c_1 \lambda \int_{t_0}^{t} e^{-\lambda(t-\tau)} e^{c_2 \int_{\tau}^{t} \kappa_0(s) ds} d\tau, \forall t \geqslant t_0 \tag{4.31}$$

定理 4.1：考虑式(4.15)、式(4.16) 所示系统，k_i 和 λ_i 为选取的正常数且满足 $\| e^{\bar{A}_{22}t} \| \leqslant k_i e^{-\lambda_i t}$，其中 $\bar{A}_{22}$ 为 Hurwitz 矩阵。假设 $\lambda_i > k_i L''_f$，其中 L''_f 为引理 4.1 中所选取的 Lipschitz 常数。则当 $0 \leqslant t < T_0$ 时，状态 $\tilde{z}'_2(t)$满足

$$\| \tilde{z}'_2(t) \| \leqslant \frac{k_i \delta_0}{\lambda_i - k_i L''_f} + \left(k_i \omega_1 - \frac{k_i \delta_0}{\lambda_i - k_i L''_f}\right) e^{-(\lambda_i - k_i L''_f)t} \tag{4.32}$$

其中 $\tilde{z}'_2(t) = z'_2(t) - z'_{N2}(t)$，$\delta_0$ 和 ω_1 为定义的范数界，其形式将在证明中给出。

证明：根据式(4.15)、式(4.16)，$\forall 0 \leqslant t < T_0$，可得

$$\begin{aligned} \tilde{z}'_2(t) = e^{\bar{A}_{22}t} \tilde{z}'_2(0) + \int_0^t e^{\bar{A}_{22}(t-\tau)} \{ \bar{A}_{21} [z_1(\tau) - z_{N1}(\tau)] + \\ [F(z'_2, \tau) - F(z'_{N2}, \tau)] + \bar{B}_2 r_u(\tau) \} d\tau \end{aligned} \tag{4.33}$$

令 $\| y(t) - y_N(t) \| \leqslant \sigma_1$，$\| r_u(t) \| \leqslant a_u$，$\| \tilde{z}'_2(0) \| \leqslant \omega_1$，其中 σ_1、a_u 和 ω_1 为已知正常数，则

$$\begin{aligned} \| \tilde{z}'_2(t) \| &\leqslant k_i \omega_1 e^{-\lambda_i t} + k_i \delta_0 \int_0^t e^{-\lambda_i(t-\tau)} d\tau + k_i L''_f \int_0^t e^{-\lambda_i(t-\tau)} \| \tilde{z}'_2(\tau) \| d\tau \\ &\leqslant \frac{k_i \delta_0}{\lambda_i} + k_i L''_f \int_0^t e^{-\lambda_i(t-\tau)} \| \tilde{z}'_2(\tau) \| d\tau + k_i \left(\omega_1 - \frac{\delta_0}{\lambda_i}\right) e^{-\lambda_i t} \end{aligned} \tag{4.34}$$

其中 $\delta_0 = \| \bar{A}_{21} \| \| C_{11}^{-1} \| \| S_1 \| \sigma_1 + \| \bar{B}_2 \| a_u$。

根据引理 4.3，选取 $c_0 = k_i \left(\omega_1 - \frac{\delta_0}{\lambda_i}\right)$，其中 ω_1 的选取可以保证 $c_0 \geqslant 0$，$c_1 = \frac{k_i \delta_0}{\lambda_i}$，$c_2 = k_i L''_f$，$\kappa_0(t) = 1$。

令 $\| \bar{z}_{N1}(t) \| \leqslant \alpha_{10}$，$\| \bar{z}'_{N2}(t) \| \leqslant \alpha_{20}$，其中 α_{10}、α_{20} 为已知的正标量。

根据式(4.22)和定理4.1，当系统无故障时，$ToMFIR(t)$中的第i个元素满足

$$\| ToMFIR_i(t) \| \leqslant k_i \| \bar{C}_{22} \| \Theta \int_0^t \mathrm{e}^{-\lambda_i(t-\tau)} \mathrm{d}\tau + k_i \| \bar{C}_{22} \| (\omega_1 + \alpha_{20}) \mathrm{e}^{-\lambda_i t} = J_i(t) \tag{4.35}$$

其中$\Theta = \alpha_{10} + L_f \delta_2 + L''_f \alpha_{20} + \| \bar{A}_{21} \| \delta_1 + C_0 \cdot \| T \|$，$\delta_2 = \dfrac{k_i \delta_0}{\lambda_i - k_i L''_f} + \left(k_i \omega_1 - \dfrac{k_i \delta_0}{\lambda_i - k_i L''_f}\right) \mathrm{e}^{-(\lambda_i - k_i L''_f)t}$，$\delta_1 = \| C_{11}^{-1} \| \| S_1 \| \sigma_1$。故障发生时刻定义为$T_d \triangleq \inf \bigcup_{i=1}^{p} \{t \geqslant T_0 : \| ToMFIR_i(t) \| > J_i(t)\}$，其中$p$为传感器的个数。

定理4.2 (早期传感器复合微小故障可检测性条件)：针对式(4.1)所示的闭环控制系统，在时刻$T_d(T_d > T_0)$，如果存在方程$\delta(t)$满足

$$\delta(T_d) \geqslant 2k_i \| \bar{C}_{22} \| \Theta \int_0^{T_d} \mathrm{e}^{-\lambda_i(T_d-\tau)} \mathrm{d}\tau + 2k_i \| \bar{C}_{22} \| (\omega_1 + \alpha_{20}) \mathrm{e}^{-\lambda_i T_d} \tag{4.36}$$

则第i个早期执行器微小故障可以在时刻T_d被检测出，方程$\delta(t)$将在证明中给出定义。

证明：当系统中发生传感器微小故障时，即$t \geqslant T_0$

$$\begin{aligned}
& ToMFIR_i(t) \\
&= r_{\eta_3} - G_0 r_u(t) \\
&= \int_0^t \bar{C}_{22} \mathrm{e}^{\bar{A}_{22}(t-\tau)} \{\bar{A}_{21}[z_1(\tau) - z_{N1}(\tau) - \bar{z}_{N1}(\tau)] + \\
&\quad [F(z'_2, \tau) - F(z'_{N2}, \tau) - F(\bar{z}'_{N2}, \tau)]\} \mathrm{d}\tau \\
&\quad + \int_0^t \bar{C}_{22} \mathrm{e}^{\bar{A}_{22}(t-\tau)} \bar{F}_2 \beta(\tau - T_0) \theta_s(\tau) \mathrm{d}\tau + \bar{C}_{22} \mathrm{e}^{\bar{A}_{22} t} [\tilde{z}'_2(0) - \bar{z}'_{N2}(0)]
\end{aligned} \tag{4.37}$$

定义$\delta(t) = \int_0^t \bar{C}_{22} \mathrm{e}^{\bar{A}_{22}(t-\tau)} \bar{F}_2 \beta(\tau - T_0) \theta_s(\tau) \mathrm{d}\tau$，根据三角不等式，可得

$$\begin{aligned}
& \| ToMFIR_i(T_d) \| \\
& \geqslant \| \delta(T_d) \| - \left\| \int_0^{T_d} \bar{C}_{22} \mathrm{e}^{\bar{A}_{22}(T_d-\tau)} \bar{A}_{21}[z_1(\tau) - z_{N1}(\tau)] \mathrm{d}\tau \right\| - \\
&\quad \left\| \int_0^{T_d} \bar{C}_{22} \mathrm{e}^{\bar{A}_{22}(T_d-\tau)} \bar{z}_{N1}(\tau) \mathrm{d}\tau \right\| - \left\| \int_0^{T_d} \bar{C}_{22} \mathrm{e}^{\bar{A}_{22}(T_d-\tau)} [F(z'_2, \tau) - \right. \\
&\quad \left. F(z'_{N2}, \tau)] \mathrm{d}\tau \right\| - \left\| \int_0^{T_d} \bar{C}_{22} \mathrm{e}^{\bar{A}_{22}(T_d-\tau)} F(\bar{z}'_{N2}, \tau) \mathrm{d}\tau \right\| \\
&\quad - \left\| \bar{C}_{22} \mathrm{e}^{\bar{A}_{22} T_d} [\tilde{z}'_2(0) - \bar{z}'_{N2}(0)] \right\|
\end{aligned}$$

$$\geqslant \| \delta(T_d) \| - k_i \| \bar{C}_{22} \| \Theta \int_0^{T_d} e^{-\lambda_i (T_d - \tau)} d\tau - k_i \| \bar{C}_{22} \| (\omega_1 + \alpha_{20}) e^{-\lambda_i T_d} \tag{4.38}$$

如果定理 4.2 中的不等式成立，则 $\| ToMFIR_i(T_d) \| \geqslant J_i(T_d)$，即故障可以在 T_d 时刻被检测出。

注释 4.1：上述基于非线性 ToMFIR 残差的早期传感器微小故障可检测性条件，表征了系统内的故障信息与外部扰动信号上界之间的关系。

4.3 复合微小故障隔离方案设计

本节主要是设计早期传感器故障的隔离机制，目的是当多个传感器发生早期微小故障时，可以实现故障传感器的精确定位。主要思路是通过观测器的设计，使得第 i 个故障隔离残差只对第 i 个传感器故障 $\theta_s^i(t)$ 敏感，并对其他传感器故障 $\theta_s^k(t)$，$k \neq i$ 具有鲁棒性。

针对子系统 G_1 中可能发生的传感器故障 $\theta_s^i(t)$，$i=1, 2, \cdots, q$，设计如式(4.39) 和式(4.40) 所示的滑模观测器

$$\begin{cases} \dot{\hat{z}}_1^i = A_{11} \hat{z}_1^i + \tilde{A}_{12} \hat{z}_2'^i + f_1(T^{-1} \hat{z}^i, t) + B_1 u + (A_{11} - \hat{A}_{11}) C_{11}^{-1} (\eta_1^i - \hat{\eta}_1^i) + \mu_1^i \\ \hat{\eta}_1^i = C_{11} \hat{z}_1^i \end{cases} \tag{4.39}$$

$$\mu_1^i = \begin{cases} \bar{\omega} \dfrac{P_1 (C_{11}^{-1} S_1 y - \hat{z}_1^i)}{\| P_1 (C_{11}^{-1} S_1 y - \hat{z}_1^i) \|}, & C_{11}^{-1} S_1 y - \hat{z}_1^i \neq 0 \\ 0, & \text{其他} \end{cases} \tag{4.40}$$

其中 $\hat{A}_{11} \in R^{r \times r}$ 是一个待设计的稳定矩阵；$\hat{z}_1^i$ 和 $\hat{\eta}_1^i$ 分别为第 i 个故障隔离估计器所对应的状态估计和输出；增益 $\bar{\omega}$ 满足 $\bar{\omega} \geqslant \| E_1 \| \bar{\varphi} + \kappa$，其中 κ 是正常数；对于任意正定矩阵 $Q>0$，$\hat{A}_{11}^{\mathrm{T}} P_1 + P_1 \hat{A}_{11} = -Q$ 总有唯一解 $P_1 > 0$。

观察系统 G_2 的结构不难发现，在早期传感器微小故障发生之前，状态 z_2' 与系统扰动和故障项都被解耦。针对可能发生的传感器故障 $\theta_s^i(t)$，$i=1, 2 \cdots, q$ 设计如下基于滑模观测器的故障隔离观测器

$$\begin{cases} \dot{\hat{z}}_2'^i = \bar{A}_{22} \hat{z}_2'^i + \bar{A}_{21} C_{11}^{-1} \eta_1^i + F(\hat{z}_2'^i, t) + \bar{B}_2 u + L_0 (\eta_3^i - \hat{\eta}_3^i) + \tilde{F}_2^i \mu_2^i \\ \hat{\eta}_3^i = \bar{C}_{22} \hat{z}_2'^i \end{cases} \tag{4.41}$$

$$\mu_2^i=\begin{cases}\psi\dfrac{\bar{H}_0^i e_{\eta_3}^i}{\|\bar{H}_0^i e_{\eta_3}^i\|}, & e_{\eta_3}^i\neq 0\\ 0, & \text{其他}\end{cases} \tag{4.42}$$

其中 $e_{\eta_3}^i=\eta_3^i-\hat{\eta}_3^i$。

令 $\bar{F}_2=(\bar{F}_2^1,\cdots,\bar{F}_2^q)$，$H_0=(H_0^{1\mathrm{T}},\cdots,H_0^{q\mathrm{T}})^{\mathrm{T}}$，其中 $\bar{F}_2^i$ 表示向量 $\bar{F}_2$ 的第 i 列，剩余的所有列表示为 $\tilde{F}_2^i$；H_0^i 表示向量 H_0 的第 i 行，剩余的所有行表示为 $\bar{H}_0^i$。令 $e_{z_1^i}=z_1^i-\hat{z}_1^i$，$e_{z_2^i}=z'^i_2-z'^i_2$，则

$$\dot{e}_{z_1^i}=\hat{A}_{11}e_{z_1^i}+\tilde{A}_{12}e_{z_2^i}+(f_1(T^{-1}z,t)-f_1(T^{-1}\hat{z}^i,t))+E_1\Delta\varphi-\mu_1^i \tag{4.43}$$

$$\begin{aligned}\dot{e}_{z_2^i}=&(\bar{A}_{22}-L_0\bar{C}_{22})e_{z_2^i}+[F(z'_2,t)-F(\hat{z}'^i_2,t)]\\&+\bar{F}_2^i\beta_i(t-T_0)\theta_s^i(t)+\tilde{F}_2^i[\tilde{\beta}_i(t-T_0)\tilde{\theta}_s^i(t)-\mu_2^i]\end{aligned} \tag{4.44}$$

定理 4.3：假设系统无故障（即 $\theta_s^i=0$）且满足假设 4.4 中的约束条件，如果存在矩阵 $\hat{A}_{11}$、L_0、$P_1>0$、$P_0>0$ 满足式(4.45) 所示的矩阵不等式，则第 i 个故障隔离观测器所对应的状态估计误差 $e_{z_2^i}$ 以指数形式趋近于 0

$$\begin{bmatrix}-Q+\dfrac{1}{\alpha_1}P_1P_1 & P_1\tilde{A}_2\\ \tilde{A}_2^{\mathrm{T}}P_1 & -Q_0+\dfrac{1}{\alpha_2}P_0P_0+aI\end{bmatrix}<0 \tag{4.45}$$

其中 $-Q_0=(\bar{A}_{22}-L_0\bar{C}_{22})^{\mathrm{T}}P_0+P_0(\bar{A}_{22}-L_0\bar{C}_{22})$，$a_1=L_{f1}^2\|T^{-1}\|^2$，$a_2=L_{f2}^2\|T^{-1}\|^2$。$a_1$ 和 a_2 为正标量，且满足 $a=a_1\alpha_1+a_2\alpha_2$。

证明：选取 Lyapunov 方程形式为 $V^i=V_1^i+V_2^i$，其中 $V_1^i=e_{z_1^i}^{\mathrm{T}}P_1e_{z_1^i}$，$V_2^i=e_{z_2^i}^{\mathrm{T}}P_2e_{z_2^i}$，则

$$\begin{aligned}\dot{V}_1^i=&e_{z_1^i}^{\mathrm{T}}(\hat{A}_{11}^{\mathrm{T}}P_1+P_1\hat{A}_{11})e_{z_1^i}+2e_{z_1^i}^{\mathrm{T}}P_1\tilde{A}_{12}e_{z_2^i}\\&+2e_{z_1^i}^{\mathrm{T}}P_1[f_1(T^{-1}z,t)-f_1(T^{-1}\hat{z}^i,t)]\\&+2e_{z_1^i}^{\mathrm{T}}P_1E_1\Delta\varphi-2e_{z_1^i}^{\mathrm{T}}P_1\mu_1^i\end{aligned} \tag{4.46}$$

其中

$$\begin{aligned}\|f_1(T^{-1}z,t)-f_1(T^{-1}\hat{z}^i,t)\|&\leqslant\|T_1\|\;\|f(T^{-1}z,t)-f(T^{-1}\hat{z}^i,t)\|\\&\leqslant\|T_1\|L_f\|T^{-1}z-T^{-1}\hat{z}^i\|\end{aligned}$$

$$= \| T_1 \| L_f \left\| T^{-1} \begin{bmatrix} 0 \\ e_{z_2^i} \end{bmatrix} \right\|$$

$$\leqslant L_{f_1} \| T^{-1} \| \| e_{z_2^i} \| \tag{4.47}$$

式(4.47) 中，$L_{f_1} = \| T_1 \| L_f$，同理

$$\| F(z_2', t) - F(\hat{z}_2'^i, t) \| = \| f_2(T^{-1}z, t) - f_2(T^{-1}\hat{z}^i, t) \|$$

$$\leqslant L_{f_2} \| T^{-1} \| \| e_{z_2^i} \| \tag{4.48}$$

其中 $L_{f_2} = \| T_2 \| L_f$。

根据第 3 章中的引理 3.2，可得

$$\begin{aligned}
\dot{V}_1^i \leqslant & e_{z_1^i}^{\mathrm{T}} (\widehat{A}_{11}^{\mathrm{T}} P_1 + P_1 \widehat{A}_{11}) e_{z_1^i} + 2e_{z_1^i}^{\mathrm{T}} P_1 \widetilde{A}_{12} e_{z_2^i} + 2e_{z_1^i}^{\mathrm{T}} P_1 E_1 \Delta\varphi - 2e_{z_1^i}^{\mathrm{T}} P_1 \mu_1^i \\
& + e_{z_1^i}^{\mathrm{T}} P_1 e_{z_1^i} + [f_1(T^{-1}z, t) - f_1(T^{-1}\hat{z}^i, t)]^{\mathrm{T}} P_1^{-1} [f_1(T^{-1}z, t) - f_1(T^{-1}\hat{z}^i, t)] \\
\leqslant & e_{z_1^i}^{\mathrm{T}} (\widehat{A}_{11}^{\mathrm{T}} P_1 + P_1 \widehat{A}_{11}) e_{z_1^i} + 2e_{z_1^i}^{\mathrm{T}} P_1 \widetilde{A}_{12} e_{z_2^i} - 2\kappa \| P_1 e_1 \| \\
& + e_{z_1^i}^{\mathrm{T}} P_1 e_{z_1^i} + \lambda_{\max}(P_1^{-1}) L_{f_1}^2 \| T^{-1} \|^2 \| e_{z_2^i} \|^2 \\
\leqslant & -e_{z_1^i}^{\mathrm{T}} Q e_{z_1^i} + 2e_{z_1^i}^{\mathrm{T}} P_1 \widetilde{A}_{12} e_{z_2^i} + e_{z_1^i}^{\mathrm{T}} P_1 e_{z_1^i} + \lambda_{\max}(P_1^{-1}) L_{f_1}^2 \| T^{-1} \|^2 \| e_{z_2^i} \|^2
\end{aligned} \tag{4.49}$$

其中 $\lambda_{\max}$ (P_1^{-1}) 是矩阵 P_1^{-1} 的最大特征值。

情况 1： 假设 $\theta_s^i(t) = 0$，则 V_2^i 的导数可以表示为如下形式

$$\begin{aligned}
\dot{V}_2^i \leqslant & e_{z_2^i}^{\mathrm{T}} (\bar{A}_{22} - L_0 \bar{C}_{22})^{\mathrm{T}} P_2 e_{z_2^i} + e_{z_2^i}^{\mathrm{T}} P_2 (\bar{A}_{22} - L_0 \bar{C}_{22}) e_{z_2^i} \\
& + 2e_{z_2^i}^{\mathrm{T}} P_2 [F(z_2', t) - F(\hat{z}_2'^i, t)] + 2e_{z_2^i}^{\mathrm{T}} P \widetilde{F}_2^i [\widetilde{\beta}_i (t - T_0) \widetilde{\theta}_s^i(t) - \mu_2^i] \\
\leqslant & e_{z_2^i}^{\mathrm{T}} (\bar{A}_{22} - L_0 \bar{C}_{22})^{\mathrm{T}} P_2 e_{z_2^i} + e_{z_2^i}^{\mathrm{T}} P_2 (\bar{A}_{22} - L_0 \bar{C}_{22}) e_{z_2^i} + e_{z_2^i}^{\mathrm{T}} P_2 e_{z_2^i} \\
& + [F(z_2', t) - F(\hat{z}_2'^i, t)]^{\mathrm{T}} P_2^{-1} [F(z_2', t) - F(\hat{z}_2'^i, t)] \\
& + 2e_{z_2^i}^{\mathrm{T}} P \widetilde{F}_2^i [\widetilde{\beta}_i (t - T_0) \widetilde{\theta}_s^i(t) - \mu_2^i] \\
\leqslant & e_{z_2^i}^{\mathrm{T}} (\bar{A}_{22} - L_0 \bar{C}_{22})^{\mathrm{T}} P_2 e_{z_2^i} + e_{z_2^i}^{\mathrm{T}} P_2 (\bar{A}_{22} - L_0 \bar{C}_{22}) e_{z_2^i} + e_{z_2^i}^{\mathrm{T}} P_2 e_{z_2^i} \\
& + \lambda_{\max}(P_2^{-1}) L_{f_2}^2 \| T^{-1} \|^2 \| e_{z_2^i} \|^2 + 2 \| \bar{H}_0^i e_{\eta_3}^i \| (\| \widetilde{\beta}_i (t - T_0) \widetilde{\theta}_s^i(t) \| - \psi) \\
\leqslant & -e_{z_2^i}^{\mathrm{T}} Q_0 e_{z_2^i} + e_{z_2^i}^{\mathrm{T}} P_2 e_{z_2^i} + \lambda_{\max}(P_2^{-1}) L_{f_2}^2 \| T^{-1} \|^2 \| e_{z_2^i} \|^2
\end{aligned} \tag{4.50}$$

其中 $\lambda_{\max}$ (P_2^{-1}) 是矩阵 P_2^{-1} 的最大特征值。

令 $e_{z^i} = [e_{z_1^i}^{\mathrm{T}} e_{z_2^i}^{\mathrm{T}}]^{\mathrm{T}}$，可得

$$\dot{V}^i = \dot{V}_1^i + \dot{V}_2^i \leqslant -e_{z^i}^{\mathrm{T}} \widetilde{Q} \mathrm{e}_z^i \leqslant -\lambda_{\min}(\widetilde{Q}) \| e_{z^i} \|^2 \tag{4.51}$$

其中 $\lambda_{\min}(\widetilde{Q})$ 是矩阵 $\widetilde{Q}$ 的最小特征值。根据 Lyapunov 方程 V^i 的形式，存在一个正常数 ϑ 满足如下关系

$$0 \leqslant \vartheta \| e_{z^i}(t) \| \leqslant V^i[e_{z^i}(t)] \tag{4.52}$$

则

$$\begin{aligned} 0 \leqslant \vartheta \| e_{z^i}(t) \| &\leqslant V^i[e_{z^i}(t)] = V^i[e_{z^i}(t_0)] + \int_{t_0}^{t} V^i[e_{z^i}(\tau)] \mathrm{d}\tau \\ &\leqslant V^i[e_{z^i}(t_0)] - \int_{t_0}^{t} \lambda_{\min}(\widetilde{Q}) \| e_{z^i}(\tau) \|^2 \mathrm{d}\tau \\ &\leqslant V^i[e_{z^i}(t_0)] \end{aligned} \tag{4.53}$$

所以误差动态系统(4.43) 和系统(4.44) 一致有界。根据式(4.53) 可以得到

$$\lim_{t \to \infty} \int_{t_0}^{t} \lambda_{\min}(\widetilde{Q}) \| e_{z^i}(\tau) \|^2 \mathrm{d}\tau \leqslant V^i[e_{z^i}(t_0)] \tag{4.54}$$

因为 $e_{z^i}(t)$一致连续，因此 $\lambda_{\min}(\widetilde{Q}) \| e_{z^i}(t) \|^2$ 也一致连续。根据 Barbalat 引理，可得

$$\lim_{t \to \infty} \lambda_{\min}(\widetilde{Q}) \| e_{z^i}(t) \|^2 = 0 \tag{4.55}$$

即 $\lim\limits_{t \to \infty} \| e_{z^i}(t) \| = 0$。

进一步可得如下结论：当系统中未发生传感器故障［即 $\theta_s^i(t)=0$］时，状态估计误差 $e_{z_2^i}(t)$趋近于 0。

情况 2：假设传感器发生早期微小故障，即 $\theta_s^i(t) \neq 0$，误差动态可以表示如下

$$\begin{aligned} \dot{e}_{z_2^i} = &(\bar{A}_{22} - L_0 \bar{C}_{22}) e_{z_2^i} + [F(z'_2, t) - F(\hat{z}'^i_2, t)] + \bar{F}_2^i \beta_i(t - T_0) \theta_s^i(t) \\ &+ \widetilde{F}_2^i [\widetilde{\beta}_i(t - T_0) \widetilde{\theta}_s^i(t) - \mu_2^i] \end{aligned} \tag{4.56}$$

因为 $\bar{F}_2^i$ 和 $\widetilde{F}_2^i$ 线性无关，且 $\beta_i(t-T_0)\ \theta_s^i(t) \neq 0$，则

$$\bar{F}_2^i \beta_i(t - T_0) \theta_s^i(t) + \widetilde{F}_2^i [\widetilde{\beta}_i(t - T_0) \widetilde{\theta}_s^i(t) - \mu_2^i] \neq 0 \tag{4.57}$$

因此，如果 $\theta_s^i(t) \neq 0$，则 $\lim\limits_{t \to \infty} \mathrm{e}_{z_2^i} \neq 0$。

4.4 应用仿真验证

4.4.1 CRH2 型动车组列车牵引电机非线性建模和分析

CRH2 型动车组列车配备的是三相笼式异步电机（见图 4.1），其非线性模型可以描述如下

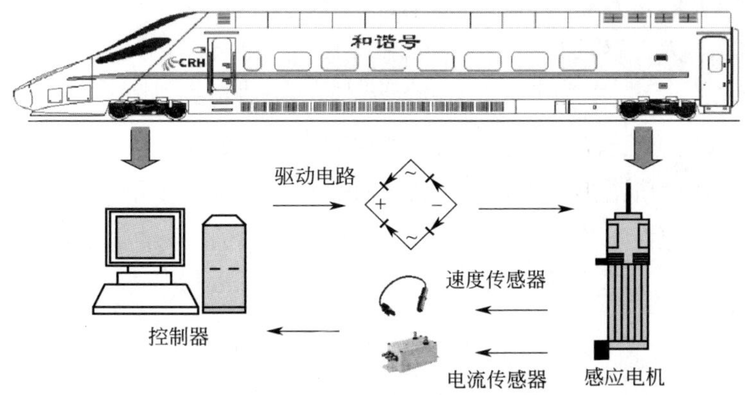

图 4.1　CRH2 型动车组列车牵引电机控制系统示意图

$$\begin{cases}\dot{x}(t)=Ax(t)+f(x,t)+Bu(t)+E\Delta\varphi(t)\\y(t)=Cx(t)+\beta(t-T_0)F\theta_s(t)\end{cases}\tag{4.58}$$

其中状态量 $x=[x_1\quad x_2\quad x_3\quad x_4\quad x_5]^{\mathrm{T}}=[i_{qs}\quad i_{ds}\quad \psi_{qr}\quad \psi_{dr}\quad \omega_m]^{\mathrm{T}}$，

$$A=\begin{bmatrix}-\gamma & -\omega_s & \alpha\beta & 0 & 0\\ \omega_s & -\gamma & 0 & \alpha\beta & 0\\ \alpha L_m & 0 & -\alpha & -\omega_s & 0\\ 0 & \alpha L_m & \omega_s & -\alpha & 0\\ 0 & 0 & 0 & 0 & 0\end{bmatrix},B=\begin{bmatrix}\frac{1}{\delta L_s} & 0\\ 0 & \frac{1}{\delta L_s}\\ 0 & 0\\ 0 & 0\\ 0 & 0\end{bmatrix},$$

$$f(x,t)=\begin{bmatrix}-n_p\beta x_5x_4\\ n_p\beta x_5x_3\\ n_px_5x_4\\ -n_px_5x_3\\ \mu\ (x_4x_1-x_3x_2)\ -\frac{1}{J}T_L\end{bmatrix},\ C=\begin{bmatrix}1&0&0&0&0\\0&1&0&0&0\\0&0&0&0&1\end{bmatrix},$$

$$E=\begin{bmatrix}0 & 0 & 0 & 0-\frac{1}{J}\end{bmatrix}^{\mathrm{T}},\ \Delta\varphi(t)=\Delta T_L,\ F=\begin{bmatrix}1&0\\2&0\\0&1\end{bmatrix}$$

系统矩阵中 $\delta=1-\frac{L_m^2}{L_sL_r}$，$\alpha=\frac{R_r}{L_r}$，$\beta=\frac{L_m}{\delta L_sL_r}$，$\gamma=\frac{L_m^2R_r}{\delta L_sL_r^2}+\frac{R_s}{\delta L_s}$，$\mu=\frac{3}{2}n_p\frac{L_m}{JL_r}$，其中 i 和 ψ 分别表示电流和磁链；下标 s 和 r 分别代表定子回路和

转子回路；下标 d 和 q 分别对应旋转坐标系中的 d 轴和 q 轴；R_r 和 R_s 为电阻；L_s 和 L_r 为自感系数；L_m 为互感系数；J 是转子的转动惯量；T_L 为额定负载转矩；n_p 为感应电机的磁极对数；ω_m 为机械转速。参数的选取同第 3 章表 3.1，其中转子转动惯量 J 的取值同表 3.1 中的 J_0。

定理 4.3 中所给出的矩阵不等式条件可以转化为如下的线性矩阵不等式可行解问题，即存在矩阵 $P_1>0$、$P_{01}>0$、$P_{02}>0$ 和正标量 α_1、α_2 满足

$$\begin{bmatrix} P_1\hat{A}_{11}+\hat{A}_{11}^{\mathrm{T}}P_1 & P_1 & P_1A_{12} & 0 & 0 & 0 \\ P_1 & -\alpha_1 I & 0 & 0 & 0 & 0 \\ A_{12}^{\mathrm{T}}P_1 & 0 & A_{22}^{\mathrm{T}}P_{01}+P_{01}A_{22}+aI & C_{22}^{\mathrm{T}}P_{02} & P_{01} & 0 \\ 0 & 0 & P_{02}C_{22} & -L_{02}^{\mathrm{T}}P_{02}^{\mathrm{T}}-P_{02}L_{02}+aI & 0 & P_{02} \\ 0 & 0 & P_{01} & 0 & -\alpha_2 I & 0 \\ 0 & 0 & 0 & P_{02} & 0 & -\alpha_2 I \end{bmatrix}<0 \tag{4.59}$$

利用 Matlab LMI 工具箱求解矩阵不等式(4.59)，可得

$$P_1=0.1542$$

$$\hat{A}_{11}=-869.7367$$

$$P_{01}=\begin{bmatrix} 107.0396 & -0.0537 & 99.8132 & 0 \\ -0.0537 & 233.1040 & 0.0530 & 0 \\ 99.8132 & 0.0530 & 134.6023 & 0 \\ 0 & 0 & 0 & 224.4398 \end{bmatrix},$$

$$P_{02}=\begin{bmatrix} 224.4796 & 0.0397 \\ 0.0397 & 224.4796 \end{bmatrix}, H_0=\begin{bmatrix} 448.9591 & 0.0795 \\ 0.0397 & 224.4796 \end{bmatrix}, L_0=\begin{bmatrix} 0 & 0 \\ 0 & 0 \\ 0 & 0 \\ 0 & 0 \\ 138.85 & 0 \\ 0 & 138.85 \end{bmatrix}$$

4.4.2 仿真结果及分析

为了验证所提故障诊断算法的有效性，本节考虑如下两种故障形式：

① 只考虑电流传感器发生微小的漂移故障；

② 电流传感器和转速传感器同时发生微小的漂移故障。同时针对这两种可能的故障形式，设计了基于 Luenberger 观测器的故障检测算法，并与本章

所提检测算法进行了对比，基于非线性 ToMFIR 残差的故障检测算法，无论是检测的灵敏度还是精度，都明显优异于基于 Luenberger 观测器的故障检测方案。

情况 1：单个传感器微小故障

假设电流传感器发生故障，且转速传感器无故障，故障形式描述如下

$$\theta_s^1=0, if t<18s; \theta_s^1=0.1, \alpha_1=0.2, if\ t\geqslant 18\mathrm{s}$$

$$\theta_s^2=0, \forall t \tag{4.60}$$

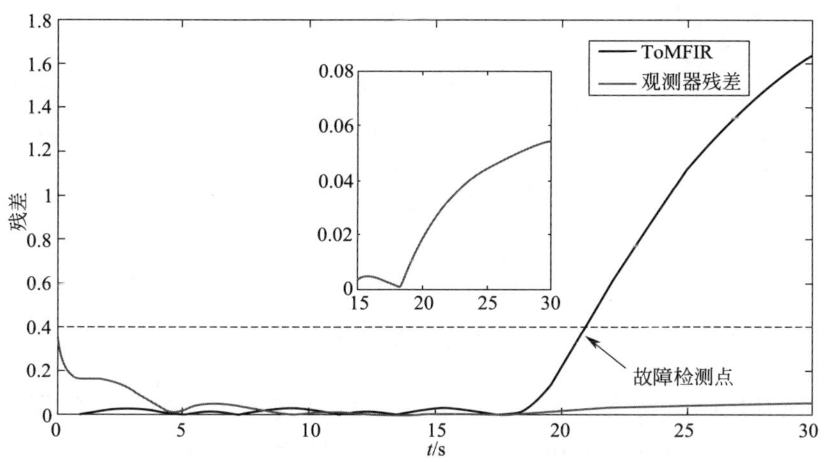

图 4.2　基于非线性 ToMFIR 残差和 Luenberger 观测器残差的故障检测（情况 1）

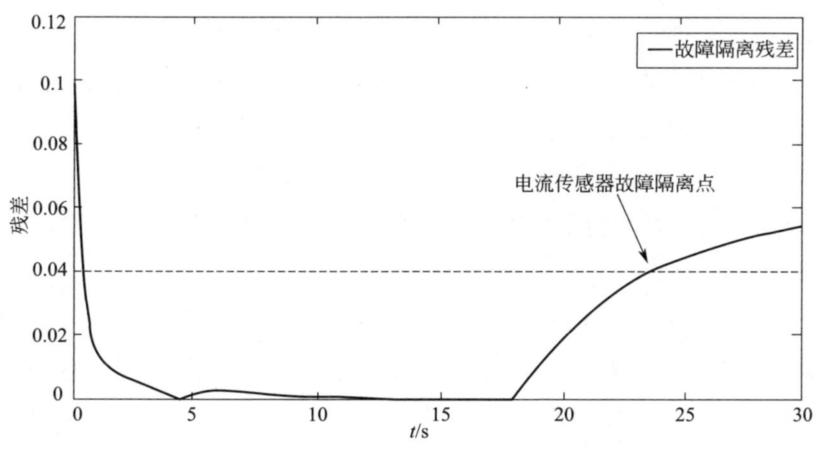

图 4.3　电流传感器微小故障隔离（情况 1）

根据式(4.37) 中非线性 ToMFIR 残差的定义构造故障检测残差，如图 4.2 所示，ToMFIR 残差在 $t=18\mathrm{s}$ 时发生跳变，考虑故障的实际大小以及工

程实际情况，选取检测阈值为 0.4。随着故障的逐渐演变增大，ToMFIR 残差在 $t=21$s 时超出预设阈值，表明至少有一个传感器发生了故障。而基于 Luenberger 观测器的故障检测残差从故障发生伊始到仿真结束都没能超出检测阈值，无法及时检测出电流传感器的微小故障。

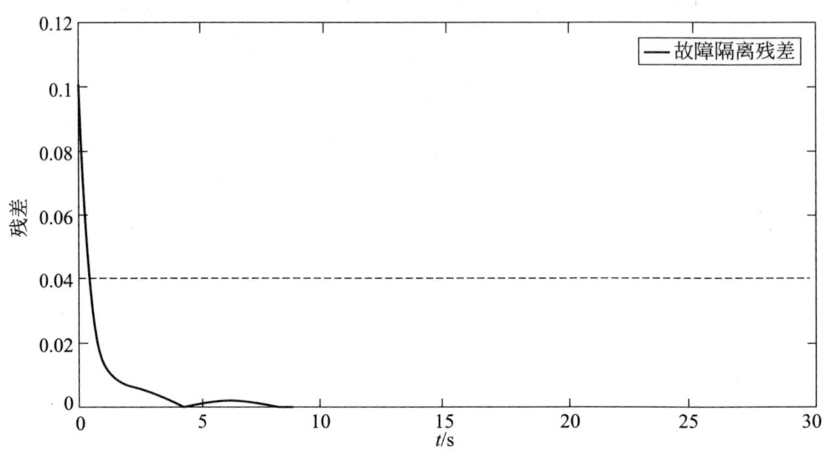

图 4.4 转速传感器微小故障隔离（情况 1）

确定有传感器发生故障之后，接下来就是定位故障的发生位置。故障隔离（情况 1）如图 4.3 和图 4.4 所示，1 号故障隔离观测器针对早期电流传感器微小漂移故障而设计，其所对应的隔离残差超出预设的隔离阈值 0.04，即所对应的基于滑模观测器的故障隔离机制可以精确定位电流传感器微小故障。而同时如图 4.4 所示，当发生电流传感器故障时，针对转速传感器故障所设计的 2 号故障隔离观测器所产生的残差始终为 0，即表明转速传感器无故障发生。

情况 2：传感器复合微小故障

假设电流传感器和转速传感器同时发生微小故障，故障形式描述如下

$$\theta_s^1=0,\text{if } t<18\text{s};\theta_s^1=0.1,a_1=0.2,\text{if } t\geqslant 18\text{s}$$

$$\theta_s^2=0,\text{if } t<25\text{s};\theta_s^2=0.2,a_2=0.8,\text{if } t\geqslant 25\text{s} \tag{4.61}$$

如图 4.5 所示，基于 Luenberger 观测器的故障检测残差一直处于设定的检测阈值以内，而 ToMFIR 残差在 $t=21$s 时超限并在 $t=25$s 时有一个更大幅度的跳变（复合故障的叠加效应，体现在残差的波动上）。图 4.6 和图 4.7 分别为电流传感器和转速传感器故障定位的仿真结果，很明显在 $t=24$s 和 $t=26$s 两个时刻，1 号和 2 号故障隔离观测器所对应的残差分别超过故障的隔离阈值，仿真结果表明电流传感器和转速传感器同时发生了

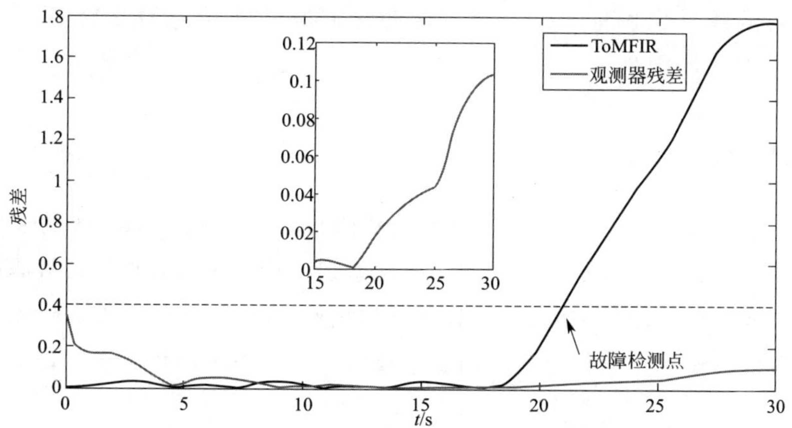

图 4.5　基于非线性 ToMFIR 残差和 Luenberger 观测器残差的故障检测（情况 2）

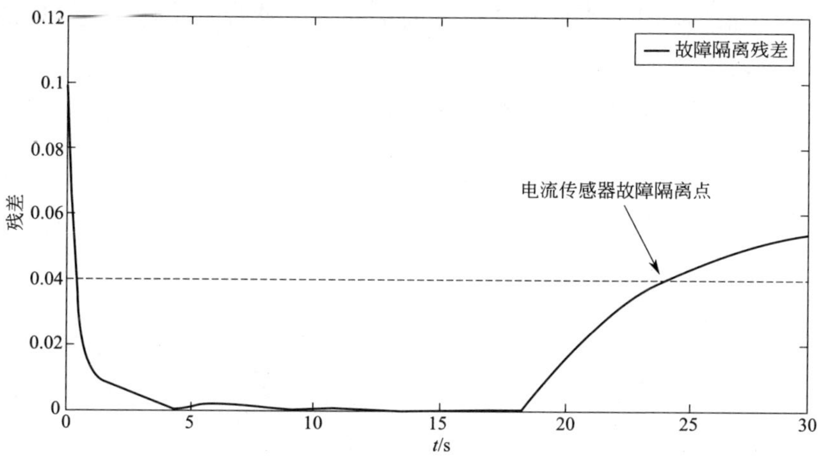

图 4.6　电流传感器微小故障隔离（情况 2）

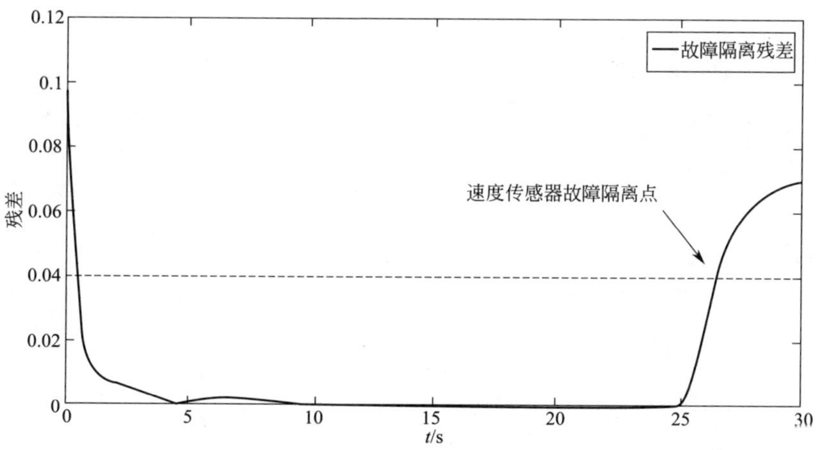

图 4.7　转速传感器微小故障隔离（情况 2）

微小漂移故障，也例证了本章所提故障诊断算法在传感器复合微小故障检测和定位中的有效性。

4.5 小结

本章节主要将基于 ToMFIR 残差的故障诊断向形式更为一般的非线性系统进行拓展。针对具有不确定性的非线性系统，给出了复合传感器故障的检测和定位方案，并应用于 CRH2 型动车组列出牵引电机控制系统中，成功实现了当电流传感器和转速传感器早期微小故障并发情况下的检测和定位。本章主要贡献：

① 将 ToMFIR 残差理论进一步拓展到具有不确定性的非线性系统中，这样在解决实际系统(多为非线性系统）的早期故障诊断问题时，无需依赖繁琐的线性化手段；

② 实现了多个早期传感器微小故障并发时的隔离定位，具有较强的工程应用价值。

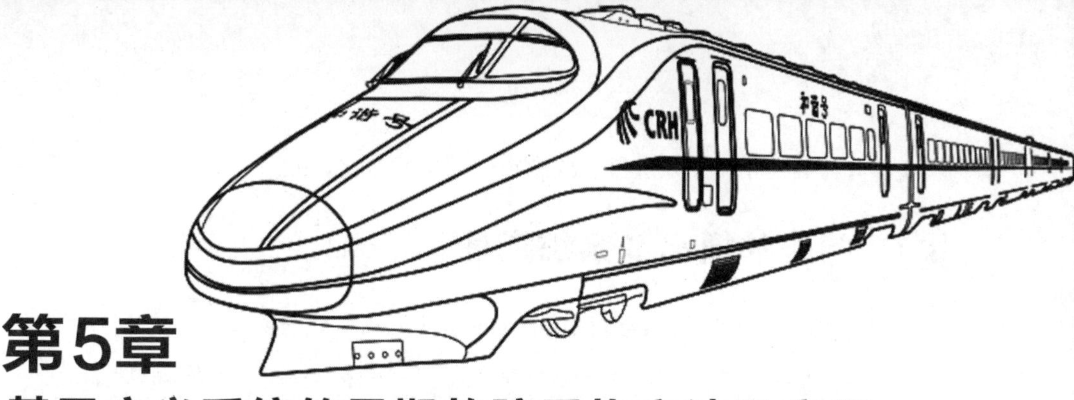

第5章
基于广义系统的早期故障重构方法及应用

在主动容错控制中,获得执行器/传感器效能的具体信息是故障调节的前提,因此故障重构极其重要。近二十年来,有关故障重构的研究发展十分迅速,其中主要有基于滑模观测器[87,88]、自适应技术[89,90]和鲁棒重构观测器[91,92]等的故障重构方法。近几年,高增益观测器和自适应观测器相结合的方法[93]被应用于非线性系统的故障参数重构中,另外基于扰动观测器的方法在提高故障重构精度的同时也增强了抗干扰的能力。

遗憾的是,上述故障重构的方法都不适用于广义系统(又称作奇异系统)。广义系统可以用来描述许多大型的复杂系统,在电力、机电、航天器系统中都有大量的应用,因此针对广义系统开展故障重构的研究具有重要的意义。基于此,文献[95～97]针对线性广义系统和非线性广义系统中的故障重构问题,开展了前期研究,但是并没有给出执行器和传感器故障并发情况下的诊断架构。考虑到工程实际的需要,针对形式更为一般的非线性广义系统,设计统一的执行器/传感器故障诊断架构是非常有必要的。

为了能够准确重构 Lipschitz 非线性广义系统中的执行器和传感器早期微小故障,本章提出了基于广义观测器的信号重构算法。首先,通过参数化执行器和传感器的故障项,构造增广的广义系统模型。接着,通过广义估计器的设计解耦系统中的扰动输入和输出测量噪声,进而保证可以同时渐近估计原广义非线性系统的状态、执行器/传感器早期微小故障以及输出测量噪声。基于 Lyapunov 定理可以得到广义估计器稳定的充分条件,此估计器设计可以保证状态估计误差一致有界并满足指定的 H_∞ 性能。为了获得最佳的故障重构效果,本章基于状态估计误差的表述提出了一个线性矩阵不等式优化问题,保证了在既定约束条件下的最优估计性能。本章所提故障重构算法在 CRH2 型动车组列车的三相逆变器控制系统中进行了仿真验证，并与其他相关文献进行了故障重构效果的对比，证明了本章算法的优越性。

5.1 问题的提出及系统描述

考虑如下非线性广义系统，其中执行器故障和早期传感器微小故障同时发生

$$\begin{cases}E\dot{x}(t)=Ax(t)+Bu(t)+B_a f_a(t)+\phi(t,x,u)+B_d d(t)\\ y(t)=Cx(t)+D_s\beta(t-T_0)\theta_s(t)+D_\omega\omega(t)\end{cases} \tag{5.1}$$

其中 $x(t)\in R^n$ 是广义系统的状态；$u(t)\in R^m$ 是广义系统的控制输入；$y(t)\in R^p$ 是广义系统的输出；$f_a(t)\in R^m$ 表示未知的执行器故障；$d(t)\in R^l$、$\omega(t)\in R^r$ 分别表示未知但有界的过程扰动和输出测量噪声；$A\in R^{n\times n}$、$E\in R^{n\times n}$、$B\in R^{n\times m}$、$C\in R^{p\times n}$、$B_a\in R^{n\times m}$、$B_d\in R^{n\times l}$ 和 $D_\omega\in R^{p\times r}$ 为广义系统矩阵。传感器微小故障可表示为 $f_s(t)=\beta(t-T_0)\ \theta_s(t)\in R^q$，从定性的角度来看，$D_s\beta(t-T_0)\ \theta_s(t)$表示传感器微小故障对系统动态特性的影响，其中未知向量 $D_s\in R^{p\times q}$ 表示传感器的故障位置，$\theta_s(t)\in R^q$ 表示传感器的未知漂移，$\beta(t-T_0)\ \in R^{q\times q}$ 为如式(5.2) 所示的对角矩阵，用以描述传感器微小故障的变化速率和演变趋势

$$\beta(t-T_0)=\mathrm{diag}[\beta_1(t-T_0),\beta_2(t-T_0),\cdots,\beta_q(t-T_0)] \tag{5.2}$$

其中 $\beta_i(t-T_0)$：$R\rightarrow R$，$i=1,2,\cdots,q$，q 为传感器的个数，并且满足 $q\leqslant p$。函数 $\beta_i(t-T_0)$ 定义如下

$$\beta_i(t-T_0)=\begin{cases}0, & t<T_0\\ 1-\mathrm{e}^{-a_i(t-T_0)}, & t\geqslant T_0\end{cases} \tag{5.3}$$

其中 $a_i>0$ 表示未知的故障演变速率，其取值对于故障演变速率的影响已在第 3 章中给出讨论，并且函数 $\beta_i(t-T_0)$只表征故障的演变速率，而故障的其他特性，例如幅值、频率等由 $\theta_s(t)$表示。假设可能的传感器故障种类为 q，即 $\theta_s(t)=\ [\theta_s^{1^{\mathrm{T}}},\ \theta_s^{2^{\mathrm{T}}},\ \cdots,\ \theta_s^{q^{\mathrm{T}}}]^{\mathrm{T}}$。广义非线性系统模型中的非线性项 $\phi(t,x,u)\in R^n$ 满足如下 Lipschitz 条件

$$\|\phi(t,\hat{x},u)-\phi(t,x,u)\|\leqslant\theta_0\|C(\hat{x}-x)\|\leqslant L_f\|\hat{x}-x\|,$$
$$\forall(t,\hat{x},u),(t,x,u)\in R\times R^n\times R^m \tag{5.4}$$

其中 θ_0、L_f 均为正标量。

根据文献［97］中的相关理论和证明，如果故障信号的 j 阶导数满足范数有界，则此故障信号是可重构的。假设本章所考虑的执行器/传感器故障满足 $f_a^{(j)}\neq 0$，$f_s^{(j)}\neq 0$ 且范数有界，令 $\zeta_a^i=f_a^{(j-i)}$，$\zeta_s^i=f_s^{(j-i)}$，则执行器和传

感器故障可以参数化如下

$$\begin{cases}\dot{\zeta}_a^1=f_a^{(j)}\\ \dot{\zeta}_a^2=\zeta_a^1=f_a^{(j-1)}\\ \dot{\zeta}_a^3=\zeta_a^2=f_a^{(j-2)}\\ \vdots\\ \dot{\zeta}_a^j=\zeta_a^{j-1}=\dot{f}_a\end{cases} \tag{5.5}$$

$$\begin{cases}\dot{\zeta}_s^1=f_s^{(j)}\\ \dot{\zeta}_s^2=\zeta_s^1=f_s^{(j-1)}\\ \dot{\zeta}_s^3=\zeta_s^2=f_s^{(j-2)}\\ \vdots\\ \dot{\zeta}_s^j=\zeta_s^{j-1}=\dot{f}_s\end{cases} \tag{5.6}$$

则增广非线性广义系统可以表示为

$$\begin{cases}\bar{E}\dot{\bar{x}}(t)=\bar{A}\bar{x}(t)+\bar{\phi}(t,x,u)+\bar{B}u(t)+\bar{B}_a\zeta_a^j(t)+\bar{B}_d\bar{d}(t)\\ y(t)=\bar{C}\bar{x}(t)\end{cases} \tag{5.7}$$

其中

$$\bar{x}(t)=\begin{bmatrix}\tilde{x}(t)\\ x_{s\omega}(t)\end{bmatrix}\in R^{\bar{n}};\ x_{s\omega}(t)=D_sf_s(t)+D_\omega\omega(t);\ \tilde{x}(t)$$

$$=[x^{\mathrm{T}}(t),\ \zeta_s^{1\mathrm{T}}(t),\ \zeta_s^{2\mathrm{T}}(t),\ \cdots,\ \zeta_s^{j\mathrm{T}}(t)]^{\mathrm{T}};$$

$$\bar{E}=\begin{bmatrix}E & 0 & 0\\ 0 & I_{q\times j} & 0\\ 0 & 0 & 0\end{bmatrix}\in R^{\bar{n}\times\bar{n}};\ \bar{B}_d=\begin{bmatrix}B_d & 0\\ 0 & I_q\\ 0 & 0\\ \vdots & \vdots\\ 0 & 0\end{bmatrix}\in R^{\bar{n}\times(l+q)};$$

$$\bar{A}=\begin{bmatrix}A & 0 & \cdots & 0 & 0\\ 0 & 0 & \cdots & 0 & 0\\ 0 & I & \cdots & 0 & 0\\ \vdots & \vdots & \ddots & \vdots & \vdots\\ 0 & 0 & \cdots & I & 0\\ 0 & 0 & \cdots & 0 & 0\end{bmatrix}\in R^{\bar{n}\times\bar{n}};\ \bar{B}=\begin{bmatrix}B\\ 0\end{bmatrix}\in R^{\bar{n}\times m};\ \bar{\phi}(t,\ x,\ u)=\begin{bmatrix}\phi^{\mathrm{T}}(t,\ x,\ u)\\ 0\\ \vdots\\ 0\end{bmatrix}\in R^{\bar{n}};$$

$\bar{B}_a=\begin{bmatrix}B_a\\0\end{bmatrix}\in R^{\bar{n}\times m}$；$\bar{d}(t)=\begin{bmatrix}d(t)\\f_s^{(j)}\end{bmatrix}\in R^{l+q}$；$\bar{C}=[C\quad 0\quad 0\quad \cdots\quad 0\quad I_p]\in R^{p\times\bar{n}}$；

$\bar{n}=n+qj+p$ 是增广系统状态的维数。

5.2 广义故障/扰动观测器设计

针对广义系统(5.7) 设计如下观测器

$$\begin{cases}\dot{\bar{z}}(t)=[\bar{A}-(1+\alpha_0)\bar{L}_p\bar{C}]\hat{\bar{x}}(t)+\bar{B}u(t)+\bar{B}_a\hat{\zeta}_a^t(t)+(1+\alpha_0)\bar{L}_py(t)+\bar{\phi}(t,\hat{x},u)\\ \hat{\bar{x}}(t)=(\bar{E}+\bar{L}_D\bar{C})^{-1}[\bar{z}(t)+\bar{L}_Dy(t)]\\ \hat{y}(t)=\bar{C}\hat{\bar{x}}(t)\end{cases} \tag{5.8}$$

其中，$\hat{\bar{x}}(t)\in R^{\bar{n}}$ 是增广的广义状态 $\bar{x}(t)\in R^{\bar{n}}$ 的估计；$\hat{x}(t)\in R^n$ 是原系统状态 $x(t)\in R^n$ 的估计；$\bar{L}_p\in R^{\bar{n}\times p}$ 和 $\bar{L}_D\in R^{\bar{n}\times p}$ 为待设计的增益矩阵；α_0 为正标量；$\hat{\zeta}_a^t(t)$为执行器故障的估计，其表述形式如下

$$\dot{\hat{\zeta}}_a^t(t)=\bar{\omega}F[e_y(t)+\dot{e}_y(t)] \tag{5.9}$$

其中，对称正定矩阵 $\bar{\omega}\in\mathscr{R}^{m\times m}$ 为学习率，$F\in\mathscr{R}^{m\times p}$ 为待设计矩阵，$e_y(t)=y(t)-\hat{y}(t)$为输出估计误差。

定理 5.1：针对增广的广义系统(5.7)，如果满足条件(5.10) 和条件(5.11)，则式(5.8) 和式(5.9) 所示的渐近估计器存在，有

$$\operatorname{rank}\begin{bmatrix}A & B_a\\ C & D_s\end{bmatrix}=n+m \tag{5.10}$$

$$\operatorname{rank}[E^{\mathrm{T}}\quad C^{\mathrm{T}}]^{\mathrm{T}}=\operatorname{rank}[(sE-A)^{\mathrm{T}}\quad C^{\mathrm{T}}]^{\mathrm{T}}=n,\quad \forall s\in C \tag{5.11}$$

证明：增广的广义系统(5.7) 和广义观测器 (5.8) 可以重新表述为如下形式

$$(\bar{E}+\bar{L}_D\bar{C})\dot{\bar{x}}(t)=(\bar{A}-\bar{L}_p\bar{C})\bar{x}(t)+\bar{B}u(t)+\bar{B}_a\zeta_a^j(t)+\bar{L}_py(t)+\bar{\phi}(t,x,u)+\bar{L}_D\dot{y}(t)+\bar{B}_d\bar{d}(t) \tag{5.12}$$

$$(\bar{E}+\bar{L}_D\bar{C})\dot{\hat{\bar{x}}}(t)=[\bar{A}-(1+\alpha_0)\bar{L}_p\bar{C}]\hat{\bar{x}}(t)+\bar{B}u(t)+\bar{B}_a\hat{\zeta}_a^j(t)+(1+\alpha_0)\bar{L}_py(t)+\bar{\phi}(t,\hat{x},u)+\bar{L}_D\dot{y}(t) \tag{5.13}$$

定义状态估计误差 $e(t)=\bar{x}(t)-\hat{\bar{x}}(t)$，执行器故障估计误差 $e_{f_a}(t)=\zeta_a^t(t)-\hat{\zeta}_a^t(t)$，则可得如下误差动态系统

$$\dot{e}(t)=\bar{S}^{-1}[(\bar{A}-\bar{L}_p\bar{C})e(t)+\bar{B}_a e_{f_a}(t)+[\bar{\phi}(t,x,u)-\bar{\phi}(t,\hat{x},u)]+\bar{B}_d\bar{d}(t)-\alpha_0\bar{L}_p\bar{C}e(t)] \tag{5.14}$$

其中 $\bar{S}=\bar{E}+\bar{L}_D\bar{C}$。

存在两个正交矩阵 V 和 W 满足

$$E=V\begin{bmatrix}\mathrm{diag}(\sigma_1,\sigma_2,\cdots,\sigma_k) & 0\\ 0 & 0\end{bmatrix}W^{\mathrm{T}}=V\begin{bmatrix}I_k & 0\\ 0 & 0\end{bmatrix}\begin{bmatrix}\mathrm{diag}(\sigma_1,\sigma_2,\cdots,\sigma_k) & 0\\ 0 & I_{n-k}\end{bmatrix}W^{\mathrm{T}} \tag{5.15}$$

其中 rank（E）$=k$，$\sigma_i>0$（$i=1$，2，…，k）。令

$$\Theta=W\begin{bmatrix}[\mathrm{diag}(\sigma_1,\sigma_2,\cdots,\sigma_k)]^{-1} & 0\\ 0 & I_{n-k}\end{bmatrix} \tag{5.16}$$

则

$$V^{\mathrm{T}}E\Theta=\begin{bmatrix}I_k & 0\\ 0 & 0\end{bmatrix},C\Theta=[C_1 \quad C_2] \tag{5.17}$$

条件(5.11) 成立当且仅当

$$\mathrm{rank}(C_2)=n-k \tag{5.18}$$

选择

$$L_D=V\begin{bmatrix}0\\ \tau(C_2^{\mathrm{T}}C_2)^{-1}C_2^{\mathrm{T}}\end{bmatrix} \tag{5.19}$$

其中 τ 为任意的正数。进一步

$$E+L_DC=V\begin{bmatrix}I_k & 0\\ \tau(C_2^{\mathrm{T}}C_2)^{-1}C_2^{\mathrm{T}}C_1 & \tau I_{n-k}\end{bmatrix}\Theta^{-1} \tag{5.20}$$

上式表明 $E+L_DC$ 非奇异，同理 $\bar{E}+\bar{L}_D\bar{C}$ 非奇异，即

$$\mathrm{rank}\begin{bmatrix}sI-(\bar{E}+\bar{L}_D\bar{C})^{-1}\bar{A}\\ \bar{C}\end{bmatrix}$$

$$=\mathrm{rank}\begin{bmatrix}s(\bar{E}+\bar{L}_D\bar{C})-\bar{A}\\ \bar{C}\end{bmatrix}$$

$$=\operatorname{rank}[(sE-A)^{\mathrm{T}} \quad C^{\mathrm{T}}]^{\mathrm{T}}+qm, s\in C \text{ and } s\neq 0$$

$$=\operatorname{rank}\begin{bmatrix} A & B_a \\ C & D_s \end{bmatrix}+(q-1)m \tag{5.21}$$

将式(5.10) 和式(5.11) 代入式(5.21)，可得

$$\operatorname{rank}\{[sI-(\bar{E}+\bar{L}_D\bar{C})^{-1}\bar{A}]^{\mathrm{T}} \quad \bar{C}^{\mathrm{T}}\}^{\mathrm{T}}=n+qm \tag{5.22}$$

因此 $[(\bar{E}+\bar{L}_D\bar{C})^{-1}\bar{A}，\bar{C}]$ 可观。通过选择合适的增益矩阵 $\bar{L}_0$，$\det[sI-(\bar{E}+\bar{L}_D\bar{C})^{-1}\bar{A}+\bar{L}_0\bar{C}]=0$ 的根可以配置到任意指定的开左半平面 $\mathscr{C}_-$，这样误差动态系统的渐近稳定性可以得到保证。定义

$$\bar{r}(t)=\Omega\begin{bmatrix} e(t) \\ e_{f_a}(t) \end{bmatrix}\in R^{\bar{n}+m} \tag{5.23}$$

其中 Ω 为对角矩阵 $$\Omega:=\begin{bmatrix} \Omega_{11} & 0 \\ 0 & \Omega_{22} \end{bmatrix} \tag{5.24}$$

其中 $\Omega_{11}\in R^{\bar{n}\times\bar{n}}$，$\Omega_{22}\in R^{m\times m}$。

定理 5.2：针对满足条件(5.10)、条件(5.11) 以及零初始条件的增广广义系统（5.7)，给定正标量 ε_f、ε_d，如果存在矩阵 $P\in\mathscr{R}^{\bar{n}\times\bar{n}}>0$、$Y\in\mathscr{R}^{\bar{n}\times p}$ 和 $F\in R^{m\times p}$，满足

$$\begin{bmatrix} \Delta_{11}+\Omega_{11}^{\mathrm{T}}\Omega_{11} & \Delta_{12} & 0 & P\bar{S}^{-1}\bar{B}_d \\ \Delta_{21} & \Delta_{22}+\Omega_{22}^{\mathrm{T}}\Omega_{22} & \bar{\omega}^{-1} & -F\bar{C}\bar{S}^{-1}\bar{B}_d \\ * & * & -\varepsilon_f I_m & 0 \\ * & * & * & -\varepsilon_d I_{l+q} \end{bmatrix}<0 \tag{5.25}$$

其中，$\Delta_{11}=P\bar{S}^{-1}\bar{A}+\bar{A}^{\mathrm{T}}\bar{S}^{-\mathrm{T}}P+P\bar{S}^{-1}P+\lambda_{\max}(\bar{S})L_f^2 I_{n+q}-\bar{C}^{\mathrm{T}}\bar{L}_P^{\mathrm{T}}\bar{S}^{-\mathrm{T}}P-P\bar{S}^{-1}\bar{L}_p\bar{C}$，$\Delta_{12}=P\bar{S}^{-1}\bar{B}_a+\bar{C}^{\mathrm{T}}Y^{\mathrm{T}}P^{-1}\bar{C}^{\mathrm{T}}F^{\mathrm{T}}-\bar{C}^{\mathrm{T}}F^{\mathrm{T}}-\bar{A}^{\mathrm{T}}\bar{S}^{-\mathrm{T}}\bar{C}^{\mathrm{T}}F^{\mathrm{T}}$，$\Delta_{21}=\Delta_{12}^{\mathrm{T}}$，$\Delta_{22}=F\bar{C}\bar{S}^{-1}\bar{C}^{\mathrm{T}}F^{\mathrm{T}}-F\bar{C}\bar{S}^{-1}\bar{B}_a-\bar{B}_a^{\mathrm{T}}\bar{S}^{-\mathrm{T}}\bar{C}^{\mathrm{T}}F^{\mathrm{T}}$。

则渐近估计器（5.8）可以保证状态估计误差 $\bar{r}(t)$（增广的状态估计误差和故障估计误差的线性组合）一致有界并满足如下的 H_∞ 性能

$$J=\int_0^\infty\|\bar{r}(t)\|^2\mathrm{d}t\leqslant\int_0^\infty[\varepsilon_f\|\dot{\zeta}_a^t(t)\|^2+\varepsilon_d\|\bar{d}(t)\|^2]\mathrm{d}t \tag{5.26}$$

通过选择合适的增益矩阵 $\bar{L}_D$ 可以保证 $\bar{S}=\bar{E}+\bar{L}_D\bar{C}$ 非奇异，增益矩阵 $\bar{L}_p=\bar{S}P^{-1}\bar{C}^{\mathrm{T}}$，其中矩阵 P 可由下等式求解

$$-P(\mu I+\bar{S}^{-1}\bar{A})-(\mu I+\bar{S}^{-1}\bar{A})^{\mathrm{T}}P=-\bar{C}^{\mathrm{T}}\bar{C} \tag{5.27}$$

其中 $\mu>0$ 满足 $R_{\mathrm{e}}[\lambda_i(\bar{S}^{-1}\bar{A})]>-\mu$，$i=1,2,\cdots,\bar{n}$；选取标量 $\alpha_0=\frac{1}{2}\theta_0^2\lambda_{\max}(\bar{S})$，其中 $\lambda_{\max}(\cdot)$ 表示矩阵（·）的最大特征值。

证明： 条件(5.10)和条件(5.11)表明$(\bar{E},\bar{A},\bar{C})$可观，选取正标量 μ 满足

$$R_{\mathrm{e}}\{\lambda_i[-(\mu I+\bar{S}^{-1}\bar{A})]\}<0,i=1,2,\cdots,\bar{n} \tag{5.28}$$

即存在一个正定矩阵 P 满足

$$-(\mu I+\bar{S}^{-1}\bar{A})^{\mathrm{T}}P-P(\mu I+\bar{S}^{-1}\bar{A})=-\bar{C}^{\mathrm{T}}\bar{C} \tag{5.29}$$

选取 $\bar{L}_p=\bar{S}P^{-1}\bar{C}^{\mathrm{T}}$，则

$$[\mu I+\bar{S}^{-1}(\bar{A}-\bar{L}_p\bar{C})]^{\mathrm{T}}P+P[\mu I+\bar{S}^{-1}(\bar{A}-\bar{L}_p\bar{C})]=-\bar{C}^{\mathrm{T}}\bar{C} \tag{5.30}$$

基于 $[\mu I+\bar{S}^{-1}(\bar{A}-\bar{L}_p\bar{C}),\bar{C}]$ 的可观性，式(5.30)表明矩阵 $[\mu I+\bar{S}^{-1}(\bar{A}-\bar{L}_p\bar{C})]$ 稳定，即

$$R_{\mathrm{e}}\{\lambda_i[\bar{S}^{-1}(\bar{A}-\bar{L}_p\bar{C})]\}<-\mu,i=1,2,\cdots,\bar{n} \tag{5.31}$$

选取如下形式 Lyapunov 函数

$$V(t)=V_1(t)+V_2(t) \tag{5.32}$$

其中 $V_1(t)=e^{\mathrm{T}}(t)Pe(t)$，$V_2(t)=e_{f_a}^{\mathrm{T}}(t)\bar{\omega}^{-1}e_{f_a}(t)$。

根据式(5.9)可得

$$\begin{aligned}\dot{e}_{f_a}(t)=&\dot{\zeta}_a^j(t)-\dot{\hat{\zeta}}_a^j(t)\\=&-\bar{\omega}F\bar{C}\bar{S}^{-1}[\bar{B}_ae_{f_a}(t)+(\bar{A}-\bar{L}_p\bar{C})e(t)-\alpha_0\bar{L}_p\bar{C}e(t)]\\&-\bar{\omega}F\bar{C}\bar{S}^{-1}\{[\bar{\phi}(t,x,u)-\bar{\phi}(t,\hat{x},u)]\\&+\bar{B}_d\bar{d}(t)\}+\dot{\zeta}_a^j(t)-\bar{\omega}F\bar{C}\mathrm{e}(t)\end{aligned} \tag{5.33}$$

$$\begin{aligned}\dot{V}_1(t)=&e^{\mathrm{T}}(t)(P\bar{S}^{-1}\bar{A}+\bar{A}^{\mathrm{T}}\bar{S}^{-\mathrm{T}}P-P\bar{S}^{-1}\bar{L}_p\bar{C}-\bar{C}^{\mathrm{T}}\bar{L}_p^{\mathrm{T}}\bar{S}^{-\mathrm{T}}P)e(t)\\&+2e^{\mathrm{T}}(t)P\bar{S}^{-1}\bar{B}_ae_{f_a}(t)+2e^{\mathrm{T}}(t)P\bar{S}^{-1}\bar{B}_d\bar{d}(t)\\&+2e^{\mathrm{T}}(t)P\bar{S}^{-1}[\bar{\phi}(t,x,u)-\bar{\phi}(t,\hat{x},u)]\\&-2\alpha_0e^{\mathrm{T}}(t)P\bar{S}^{-1}\bar{L}_p\bar{C}e(t)\end{aligned} \tag{5.34}$$

其中

$$2\alpha_0e^{\mathrm{T}}(t)P\bar{S}^{-1}\bar{L}_p\bar{C}e(t)=-2\alpha_0\|\bar{C}e(t)\|^2 \tag{5.35}$$

基于 I. R. Petersen 不等式

$$
\begin{aligned}
&2e^{\mathrm{T}}(t)P\bar{S}^{-1}[\bar{\phi}(t,x,u)-\bar{\phi}(t,\hat{x},u)] \\
&\leqslant e^{\mathrm{T}}(t)P\bar{S}^{-1}Pe(t)+[\bar{\phi}(t,x,u) \\
&\quad -\bar{\phi}(t,\hat{x},u)]^{\mathrm{T}}\bar{S}[\bar{\phi}(t,x,u)-\bar{\phi}(t,\hat{x},u)] \\
&\leqslant e^{\mathrm{T}}(t)P\bar{S}^{-1}Pe(t)+\theta_0^2\lambda_{\max}(\bar{S})\|Ce_x(t)\|^2 \\
&\leqslant e^{\mathrm{T}}(t)P\bar{S}^{-1}Pe(t)+\theta_0^2\lambda_{\max}(\bar{S})\|\bar{C}e(t)\|^2
\end{aligned} \tag{5.36}
$$

其中 $e_x(t)=x(t)-\hat{x}(t)$。

进一步有

$$
\begin{aligned}
\dot{V}_1(t)\leqslant & e^{\mathrm{T}}(t)(P\bar{S}^{-1}\bar{A}+\bar{A}^{\mathrm{T}}\bar{S}^{-\mathrm{T}}P+P\bar{S}^{-1}P)e(t)e^{T}(t)(P\bar{S}^{-1}\bar{L}_p\bar{C}+\bar{C}^{\mathrm{T}}\bar{L}_p^{\mathrm{T}}\bar{S}^{-\mathrm{T}}P)e(t) \\
&+2e^{\mathrm{T}}(t)P\bar{S}^{-1}\bar{B}_a e_{f_a}(t)+2e^{\mathrm{T}}(t)P\bar{S}^{-1}\bar{B}_d\bar{d}(t)
\end{aligned} \tag{5.37}
$$

$$
\begin{aligned}
\dot{V}_2(t)=&e_{f_a}^{\mathrm{T}}(t)(-F\bar{C}\bar{S}^{-1}\bar{B}_a-\bar{B}_a^{\mathrm{T}}\bar{S}^{-\mathrm{T}}\bar{C}^{\mathrm{T}}F^{\mathrm{T}})e_{f_a}(t) \\
&-2e_{f_a}^{\mathrm{T}}(t)F\bar{C}\bar{S}^{-1}[\bar{\phi}(t,x,u)-\bar{\phi}(t,\hat{x},u)] \\
&+2e_{f_a}^{\mathrm{T}}(t)(-F\bar{C}-F\bar{C}\bar{S}^{-1}\bar{A}+F\bar{C}\bar{S}^{-1}\bar{L}_p\bar{C})e(t) \\
&+2e_{f_a}^{\mathrm{T}}(t)\bar{\omega}^{-1}\dot{\zeta}_a^{j}(t)-2e_{f_a}^{\mathrm{T}}(t)F\bar{C}\bar{S}^{-1}\bar{B}_d\bar{d}(t)
\end{aligned} \tag{5.38}
$$

同理，根据 I. R. Petersen 不等式可得

$$
\begin{aligned}
2e_{f_a}^{\mathrm{T}}(t)F\bar{C}\bar{S}^{-1}[\bar{\phi}(t,\hat{x},u)-\bar{\phi}(t,x,u)]\leqslant & e_{f_a}^{\mathrm{T}}(t)F\bar{C}\bar{S}^{-1}\bar{C}^{\mathrm{T}}F^{\mathrm{T}}e_{f_a}(t) \\
&+\lambda_{\max}(\bar{S})\|\bar{\phi}(t,\hat{x},u)-\bar{\phi}(t,x,u)\|^2
\end{aligned} \tag{5.39}
$$

进一步，可得如下不等式关系

$$
\begin{aligned}
\dot{V}_2(t)\leqslant & e_{f_a}^{\mathrm{T}}(t)(F\bar{C}\bar{S}^{-1}\bar{C}^{\mathrm{T}}F^{\mathrm{T}}-F\bar{C}\bar{S}^{-1}\bar{B}_a-\bar{B}_a^{\mathrm{T}}\bar{S}^{-\mathrm{T}}\bar{C}^{\mathrm{T}}F^{\mathrm{T}})e_{f_a}(t) \\
&+2e_{f_a}^{\mathrm{T}}(t)(-F\bar{C}-F\bar{C}\bar{S}^{-1}\bar{A}+F\bar{C}\bar{S}^{-1}\bar{L}_p\bar{C})e(t) \\
&+\lambda_{\max}(\bar{S})L_f^2\|e\|^2+2e_{f_a}^{\mathrm{T}}(t)\bar{\omega}^{-1}\dot{\zeta}_a^{j}(t) \\
&-2e_{f_a}^{\mathrm{T}}(t)F\bar{C}\bar{S}^{-1}\bar{B}_d\bar{d}(t)
\end{aligned} \tag{5.40}
$$

综上可得

$$
\begin{aligned}
\dot{V}(t)\leqslant & \begin{bmatrix} e(t) \\ e_{f_a}(t) \end{bmatrix}^{\mathrm{T}} \begin{bmatrix} \Delta_{11} & \Delta_{12} \\ \Delta_{21} & \Delta_{22} \end{bmatrix} \begin{bmatrix} e(t) \\ e_{f_a}(t) \end{bmatrix} \\
&+2e^{\mathrm{T}}(t)P\bar{S}^{-1}\bar{B}_d\bar{d}(t)+2e_{f_a}^{\mathrm{T}}(t)\bar{\omega}^{-1}\dot{\zeta}_a^{j}(t)-2e_{f_a}^{\mathrm{T}}(t)F\bar{C}\bar{S}^{-1}\bar{B}_d\bar{d}(t)
\end{aligned} \tag{5.41}
$$

其中$\Delta_{11}=P\overline{S}^{-1}\overline{A}+\overline{A}^{\mathrm{T}}\overline{S}^{-\mathrm{T}}P+P\overline{S}^{-1}P+\lambda_{\max}(\overline{S})L_f^2I_{n+q}-P\overline{S}^{-1}\overline{L}_p\overline{C}-\overline{C}^{\mathrm{T}}\overline{L}_P^{\mathrm{T}}\overline{S}^{-\mathrm{T}}P$，$\Delta_{12}=P\overline{S}^{-1}\overline{B}_a+\overline{C}^{\mathrm{T}}Y^{\mathrm{T}}P^{-1}\overline{C}^{\mathrm{T}}F^{\mathrm{T}}-\overline{C}^{\mathrm{T}}F^{\mathrm{T}}-\overline{A}^{\mathrm{T}}\overline{S}^{-\mathrm{T}}\overline{C}^{\mathrm{T}}F^{\mathrm{T}}$，$\Delta_{21}=\Delta_{12}^{\mathrm{T}}$，$\Delta_{22}=F\overline{C}\,\overline{S}^{-1}\overline{C}^{\mathrm{T}}F^{\mathrm{T}}-F\overline{C}\,\overline{S}^{-1}\overline{B}_a-\overline{B}_a^{\mathrm{T}}\overline{S}^{-\mathrm{T}}\overline{C}^{\mathrm{T}}F^{\mathrm{T}}$，$Y=P\overline{S}^{-1}L_p$。

定义

$$J=\int_0^{\infty}\|\bar{r}(t)\|^2-\varepsilon_f\|\dot{\zeta}_a^t(t)\|^2-\varepsilon_d\|\bar{d}(t)\|^2\mathrm{d}t \tag{5.42}$$

如果零初始条件成立则可得

$$\begin{aligned}J&=\int_0^{\infty}(\|\bar{r}(t)\|^2-\varepsilon_f\|\dot{\zeta}_a^t(t)\|^2-\varepsilon_d\|\bar{d}(t)\|^2)\mathrm{d}t\\&=\int_0^{\infty}(\dot{V}+\|\bar{r}(t)\|^2-\varepsilon_f\|\dot{\zeta}_a^t(t)\|^2-\varepsilon_d\|\bar{d}(t)\|^2)\mathrm{d}t-\int_0^{\infty}\dot{V}\mathrm{d}t\\&=\int_0^{\infty}(\dot{V}+\|\bar{r}(t)\|^2-\varepsilon_f\|\dot{\zeta}_a^t(t)\|^2-\varepsilon_d\|\bar{d}(t)\|^2)\mathrm{d}t-V(\infty)+V(0)\\&\leqslant\int_0^{\infty}(\dot{V}+\|\bar{r}(t)\|^2-\varepsilon_f\|\dot{\zeta}_a^t(t)\|^2-\varepsilon_d\|\bar{d}(t)\|^2)\mathrm{d}t\end{aligned} \tag{5.43}$$

根据式(5.41) 可得

$$\|\bar{r}(t)\|^2-\varepsilon_f\|\dot{\zeta}_a^t(t)\|^2-\varepsilon_d\|\bar{d}(t)\|^2+\dot{V}\leqslant\vartheta^{\mathrm{T}}(t)\Xi\vartheta(t) \tag{5.44}$$

其中$\vartheta(t)=[e^{\mathrm{T}}(t),e_{f_a}^{\mathrm{T}}(t),\dot{\zeta}_a^{t\mathrm{T}}(t),\bar{d}^{\mathrm{T}}(t)]$。

Ξ定义如下

$$\Xi:=\begin{bmatrix}\Delta_{11}+\Omega_{11}^{\mathrm{T}}\Omega_{11} & \Delta_{12} & 0 & P\overline{S}^{-1}\overline{B}_d\\ \Delta_{21} & \Delta_{22}+\Omega_{22}^{\mathrm{T}}\Omega_{22} & \varpi^{-1} & -F\overline{C}\overline{S}^{-1}\overline{B}_d\\ * & * & -\varepsilon_fI_m & 0\\ * & * & * & -\varepsilon_dI_{l+q}\end{bmatrix} \tag{5.45}$$

如果式(5.25) 成立，则$J<0$，即

$$J=\int_0^{\infty}\|\bar{r}(t)\|^2\mathrm{d}t\leqslant\int_0^{\infty}(\varepsilon_f\|\dot{\zeta}_a^t(t)\|^2+\varepsilon_d\|\bar{d}(t)\|^2)\mathrm{d}t \tag{5.46}$$

注释 5.1：根据定理 5.2，ε_f 和 ε_d 的取值会直接影响估计误差，通过最小化 ε_f 和 ε_d 的取值，可以有效增强广义观测器的鲁棒性，因此提出如下最优化问题

$$\begin{gathered}\min(\varepsilon_f+\varepsilon_d)\\ \mathrm{s.\,t.}\\ P>0,\varepsilon_f>0,\varepsilon_d>0\end{gathered} \tag{5.47}$$

$$\begin{bmatrix} \Delta_{11}+\Omega_{11}^{T}\Omega_{11} & \Delta_{12} & 0 & P\overline{S}^{-1}\overline{B}_d \\ \Delta_{21} & \Delta_{22}+\Omega_{22}^{T}\Omega_{22} & \varpi^{-1} & -F\overline{CS}^{-1}\overline{B}_d \\ * & * & -\varepsilon_f I_m & 0 \\ * & * & * & -\varepsilon_d I_{l+q} \end{bmatrix}<0 \quad (5.48)$$

定理 5.3：考虑如式(5.1) 所示非线性广义系统，满足 (E, A, C) 可观以及零初始条件，如果存在矩阵 $P\in R^{(n+q)\times(n+q)}>0$、$\overline{P}\in R^{(n+q)\times(n+q)}>0$、$Y\in R^{(n+q)\times p}$、$F\in R^{m\times p}$ 以及正标量 η 和 $\overline{\eta}$，使得如下最优问题有解

$$\min(\varepsilon_f+\varepsilon_d)$$

$$\text{s. t.}$$

$$\begin{bmatrix} I_{n+q} & \overline{P} \\ \overline{P} & I_{n+q} \end{bmatrix}\geqslant 0 \quad (5.49)$$

$$\begin{bmatrix} \Delta_{11}+\Omega_{11}^{T}\Omega_{11} & \Delta'_{12} & 0 & P\overline{S}^{-1}\overline{B}_d & 0 & \overline{C}^{T}Y^{T} \\ \Delta''_{12} & \Delta'_{22}+\Omega_{22}^{T}\Omega_{22} & \varpi^{-1} & -F\overline{CS}^{-1}\overline{B}_d & F\overline{C} & 0 \\ * & * & -\varepsilon_f I_m & 0 & 0 & 0 \\ * & * & * & -\varepsilon_d I_{l+q} & 0 & 0 \\ * & * & * & * & -\eta I_{\overline{n}} & 0 \\ * & * & * & * & * & -\overline{\eta} I_{n+q} \end{bmatrix}<0$$

$$(5.50)$$

其中 $\Delta'_{12}=P\overline{S}^{-1}\overline{B}-\overline{C}^{T}F^{T}-\overline{A}^{T}\overline{S}^{-T}\overline{C}^{T}F^{T}$，$\Delta''_{12}=\Delta'^{T}_{12}$，$\Delta'_{22}=-F\overline{CS}^{-1}\overline{B}-\overline{B}^{T}\overline{S}^{-T}\overline{C}^{T}F^{T}+\varpi^{-1}$，$\overline{P}=P^{-1}$，$\overline{\eta}=\eta^{-1}$，则估计误差 $\overline{r}(t)$ 一致有界并满足定理 5.2 中的 H_∞ 性能，观测器增益矩阵 $\overline{L}_p=\overline{S}P^{-1}Y$。

证明：令 $Y=P\overline{S}^{-1}\overline{L}_p$，则矩阵不等式(5.48) 可以表示为

$$\begin{bmatrix} \Delta_{11}+\Omega_{11}^{T}\Omega_{11} & \Delta'_{12} & 0 & P\overline{S}^{-1}\overline{B}_d \\ \Delta''_{12} & \Delta'_{22}+\Omega_{22}^{T}\Omega_{22} & \varpi^{-1} & -F\overline{CS}^{-1}\overline{B}_d \\ * & * & -\varepsilon_f I_m & 0 \\ * & * & * & -\varepsilon_d I_{l+q} \end{bmatrix}+ \quad (5.51)$$

$$\begin{bmatrix} \overline{C}^{T}Y^{T} \\ 0 \\ 0 \\ 0 \end{bmatrix} p^{-1} \begin{bmatrix} 0 \\ F\overline{C} \\ 0 \\ 0 \end{bmatrix}^{T} + \begin{bmatrix} 0 \\ F\overline{C} \\ 0 \\ 0 \end{bmatrix} p^{-1} \begin{bmatrix} \overline{C}^{T}Y^{T} \\ 0 \\ 0 \\ 0 \end{bmatrix}^{T} <0$$

其中 $\Delta'_{12}=P\overline{S}^{-1}\overline{B}-\overline{C}^{\mathrm{T}}\overline{F}^{\mathrm{T}}-\overline{A}^{\mathrm{T}}\overline{S}^{-\mathrm{T}}\overline{C}^{\mathrm{T}}F^{\mathrm{T}}$，$\Delta''_{12}=\Delta'^{\mathrm{T}}_{12}$，$\Delta'_{22}=-F\overline{CS}^{-1}\overline{B}-\overline{B}^{\mathrm{T}}\overline{S}^{-\mathrm{T}}\overline{C}^{\mathrm{T}}F^{\mathrm{T}}+\varpi^{-1}$。

根据文献［94］中的引理 1，给定正定矩阵 P 满足

$$P^{-2}<I_{n+q} \tag{5.52}$$

则矩阵不等式(5.51) 成立，当且仅当存在正标量 $\eta>0$ 满足

$$\begin{bmatrix}\Delta_{11}+\Omega_{11}^{\mathrm{T}}\Omega_{11} & \Delta'_{12} & 0 & P\overline{S}^{-1}\overline{B}_d \\ \Delta''_{12} & \Delta'_{22}+\Omega_{22}^{\mathrm{T}}\Omega_{22} & \varpi^{-1} & -F\overline{CS}^{-1}\overline{B}_d \\ * & * & -\varepsilon_f I_m & 0 \\ * & * & * & -\varepsilon_d I_{l+q}\end{bmatrix}+\eta \begin{bmatrix}C^{\mathrm{T}}Y^{\mathrm{T}}\\0\\0\\0\end{bmatrix}\begin{bmatrix}\overline{C}^{\mathrm{T}}Y^{\mathrm{T}}\\0\\0\\0\end{bmatrix}^{\mathrm{T}}+\eta^{-1}\begin{bmatrix}0\\F\overline{C}\\0\\0\end{bmatrix}\begin{bmatrix}0\\F\overline{C}\\0\\0\end{bmatrix}^{\mathrm{T}}<0 \tag{5.53}$$

根据 Schur 补引理，式(5.52) 和式(5.53) 可以改写为如下形式

$$\begin{bmatrix}I_{n+q} & \overline{P}^{-1}\\ P^{-1} & I_{n+q}\end{bmatrix}\geqslant 0 \tag{5.54}$$

$$\begin{bmatrix}\Delta_{11}+\Omega_{11}^{\mathrm{T}}\Omega_{11} & \Delta'_{12} & 0 & P\overline{S}^{-1}\overline{B}_d & 0 & \overline{C}^{\mathrm{T}}Y^{\mathrm{T}} \\ \Delta''_{12} & \Delta'_{22}+\Omega_{22}^{\mathrm{T}}\Omega_{22} & \varpi^{-1} & -F\overline{CS}^{-1}\overline{B}_{\mathrm{d}} & F\overline{C} & 0 \\ * & * & -\varepsilon_{\mathrm{f}}I_{\mathrm{m}} & 0 & 0 & 0 \\ * & * & * & -\varepsilon_{\mathrm{d}}I_{\mathrm{l+q}} & 0 & 0 \\ * & * & * & * & -\eta I_{\bar{n}} & 0 \\ * & * & * & * & * & -\eta^{-1}I_{\mathrm{n+q}}\end{bmatrix}<0 \tag{5.55}$$

令 $\overline{P}=P^{-1}$，$\overline{\eta}=\eta^{-1}$，则可得式(5.49) 和式(5.50)。 □

需要指出的是，由于式(5.48) 是非线性矩阵不等式，因此无法使用 Matlab LMI 工具箱进行求解。为了求解矩阵 P、Y、F 以及正标量 ε_f 和 ε_d，需将矩阵不等式条件转换为线性矩阵不等式的形式。此外，式(5.49) 和式(5.50) 为非凸可行解问题，可以使用锥补线性化算法[98] 将其转化为如下满足线性矩阵不等式条件约束的最小化问题

$$\begin{gathered}\min \operatorname{trace}(P\overline{P}+\eta\overline{\eta}I_{n+q}+\varepsilon_f I_{n+q}+\varepsilon_d I_{n+q}) \\ \text{s. t. } (5.49)-(5.50) \\ \begin{bmatrix} P & I \\ I & \overline{P}\end{bmatrix}\geqslant 0,\ \begin{bmatrix} \eta & I \\ I & \overline{\eta}\end{bmatrix}\geqslant 0\end{gathered} \tag{5.56}$$

并按照如下迭代算法进行求解：

步骤 1：设 $i=0$，求解式(5.49)、式(5.50) 和式(5.56) 获得初始参量 $(P^0, \overline{P}^0, Y^0, F^0, \eta^0, \overline{\eta}^0, \varepsilon_f^0, \varepsilon_d^0)$。

步骤 2：通过求解 LMI 最小化问题 $\min \operatorname{trace}(P\overline{P}^i+\overline{P}P^i+\eta\overline{\eta}^i I+\overline{\eta}\eta^i I+\varepsilon_f^i I+\varepsilon_d^i I)$ s. t. 式(5.49)、式(5.50) 和式(5.56)，获得 $(P^{i+1}, \overline{P}^{i+1}, Y^{i+1}, F^{i+1}, \eta^{i+1}, \overline{\eta}^{i+1}, \varepsilon_f^{i+1}, \varepsilon_d^{i+1})$。

步骤 3：如果步骤 2 中的解满足式(5.52) 和式(5.53)，则 $\overline{L}_p=\overline{S}(P^{i+1})^{-1}Y^{i+1}$；否则设 $i=i+1$，并返回步骤 2 继续求解，直到所求解满足式(5.52) 和式(5.53)。

注释 5.2：通过鲁棒观测器 (5.8) 可以实现对增广的广义系统状态 $\overline{x}(t)\in R^{\overline{n}}$ 的估计。

令

$$x_{s\omega}(t)=D_s f_s(t)+D_\omega \omega(t)=[D_s \quad D_\omega]\begin{bmatrix} f_s(t) \\ \omega(t)\end{bmatrix} \tag{5.57}$$

如果系统矩阵

$$D_{s\omega}=[D_s \quad D_\omega]\in R^{p\times(q+r)} \tag{5.58}$$

列满秩，则通过鲁棒观测器 (5.8) 可以实现对早期传感器微小故障 $f_s(t)$ 以及系统中输出测量噪声 $\omega(t)$ 的估计

$$\hat{f}_s(t)=[I_q \quad 0_{q\times r}](D_{s\omega}^{\mathrm{T}}D_{s\omega})^{-1}D_{s\omega}^{\mathrm{T}}[0_{p\times(n+qj)} \quad I_p]\hat{\overline{x}}(t) \tag{5.59}$$

$$\hat{\omega}(t)=[0_{r\times q} \quad I_r](D_{s\omega}^{\mathrm{T}}D_{s\omega})^{-1}D_{s\omega}^{\mathrm{T}}[0_{p\times(n+qj)} \quad I_p]\hat{\overline{x}}(t) \tag{5.60}$$

同理可得原系统的状态估计为

$$\hat{x}(t)=[I_n \quad 0_{n\times qj}][I_{n+qj} \quad 0_{(n+qj)\times p}]\hat{\overline{x}}(t) \tag{5.61}$$

执行器故障估计为

$$\hat{f}_a(t)=\hat{\zeta}_a^j(t)=\overline{\omega}\int_{T_f}^{t}[Fe_y(t)+F\dot{e}_y(t)]\mathrm{d}\tau \tag{5.62}$$

其中 T_f 为执行器故障的发生时刻。

5.3 仿真研究

5.3.1 CRH2型动车组列车三相PWM逆变器系统非线性建模和分析

CRH2型动车组列车的牵引系统主要包括受电弓（型号DSA250），牵引变压器（型号ATM9），牵引变流器（型号YGN2Q213）以及三相笼式异步电机（型号：MT205）。25kV高压交流电通过受电弓，经牵引变压器降压为1700V的交流电。CRH2型动车组列车所采用的AC-DC-AC变流系统结构以及牵引系统故障注入仿真模块如图5.1和图3.2所示，变流器输出幅/频可控的三相交流电用以牵引电机的驱动，其在d-q同步坐标系下的模型[99]表示如下

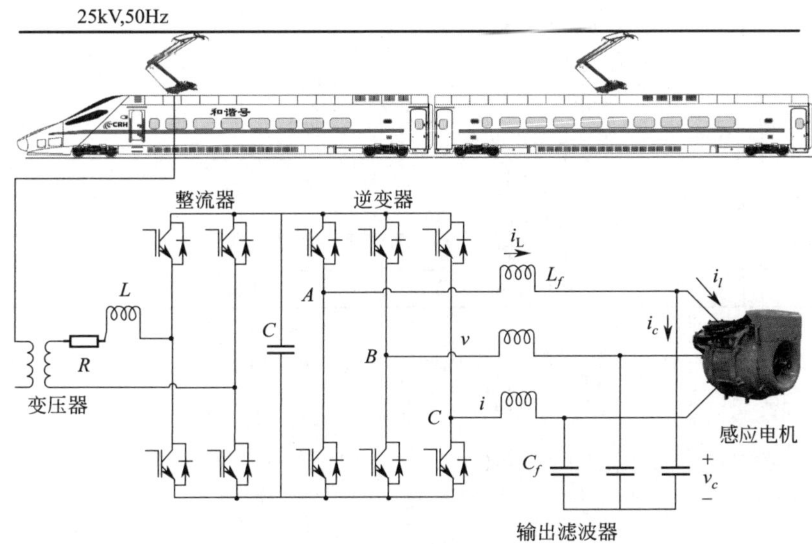

图5.1 CRH2型动车组高速列车AC-DC-AC变流系统

$$\dot{i}_d=\frac{1}{L_f}v_d+\omega i_q-\frac{1}{L_f}v_{cd} \tag{5.63}$$

$$\dot{i}_q=\frac{1}{L_f}v_q-\omega i_d-\frac{1}{L_f}v_{cq} \tag{5.64}$$

$$\dot{v}_{cd}=\frac{1}{C_f}i_d+\omega v_{cq}-\frac{1}{C_f}i_{ld} \tag{5.65}$$

$$\dot{v}_{cq}=\frac{1}{C_f}i_q-\omega v_{cd}-\frac{1}{C_f}i_{lq} \tag{5.66}$$

其中L_f和C_f分别为滤波电路的电感和电容；下标d和q分别对应于旋

转参考系中的d轴和q轴；v_d和v_q为逆变器的输出电压；v_{cd}和v_{cq}为电容电压；i_d和i_q为逆变器的输出电流；ω为源角频率；i_{ld}和i_{lq}为负载电流，根据文献［99］

$$
\begin{aligned}
i_{ld} &= \frac{p_f v_{cd} + q_f v_{cq}}{(v_{cd}^2 + v_{cq}^2)} + \omega C_f v_{cq} - \frac{\omega L_f (i_d^2 + i_q^2)}{(v_{cd}^2 + v_{cq}^2)} v_{cq} \\
i_{lq} &= \frac{p_f v_{cq} - q_f v_{cd}}{(v_{cd}^2 + v_{cq}^2)} - \omega C_f v_{cd} + \frac{\omega L_f (i_d^2 + i_q^2)}{(v_{cd}^2 + v_{cq}^2)} v_{cd}
\end{aligned}
\tag{5.67}
$$

其中p_f和q_f的数值依赖于所测得的电压和电流。逆变器系统的物理参数详见表5.1。

表5.1　CRH2型动车组列车逆变器系统参数[1]

符号	描述	数值	单位
R	二极管整流器电阻	0.2	Ω
L	二极管整流器滤波电感	2	mH
C	二极管整流器滤波电容	16	mF
v	逆变器输出电压	2300	V
i	逆变器输出电流	424	A
L_f	滤波电感	8	mH
C_f	滤波电容	750	μF
i_l	负载电流	106	A
ω	源角频率	1116	rad/s

将式(5.67)代入式(5.65)和式(5.66)中，可得如下逆变器非线性模型

$$
\begin{cases}
\dot{x}(t) = Ax(t) + Bu(t) + B_a f_a(t) + \phi(t, x, u) + B_d d(t) \\
y(t) = Cx(t) + D_s \beta(t - T_0) \theta_s(t) + D_\omega \omega(t)
\end{cases}
\tag{5.68}
$$

其中

$$
x = [i_d, i_q, v_{cd}, v_{cq}]^{\mathrm{T}},\ u = [v_d, v_q]^{\mathrm{T}}, B_d = [1, 0, 0, 0]^{\mathrm{T}},\ B_a = \begin{bmatrix} 1 & 0 & 0 & 0 \\ 0 & 1 & 0 & 0 \end{bmatrix}^{\mathrm{T}},
$$

$$
D_\omega = \begin{bmatrix} 1 \\ 1 \end{bmatrix},\ A = \begin{bmatrix} 0 & \omega & -\frac{1}{L_f} & 0 \\ -\omega & 0 & 0 & -\frac{1}{L_f} \\ \frac{1}{C_f} & 0 & 0 & \omega \\ 0 & \frac{1}{C_f} & -\omega & 0 \end{bmatrix},\ B = \begin{bmatrix} \frac{1}{L_f} & 0 \\ 0 & \frac{1}{L_f} \\ 0 & 0 \\ 0 & 0 \end{bmatrix}, C = \begin{bmatrix} 1 & 0 & 0 & 0 \\ 0 & 0 & 1 & 0 \end{bmatrix},
$$

$$\phi(t,x,u)=\begin{bmatrix}0\\0\\-\dfrac{i_{ld}}{C_f}\\-\dfrac{i_{lq}}{C_f}\end{bmatrix} D_s=\begin{bmatrix}1&0\\0&1\end{bmatrix}$$，$d(t)=\sin[i_d(t)]$，$\omega(t)$为有限带宽白噪声信号，模拟电压和电流信号中的噪声。

本章的仿真验证部分考虑两种类型故障同时发生。首先，在 15～30s 的时间区间内逆变器的输出电压突发大幅度的跳变（从系统角度来说是一种突发的执行器故障）；同时，在此时间区段内，用于测量电流 i_d 的传感器发生早期微小漂移故障。两种故障的数学模型描述如下

$$f_{a1}=\begin{cases}0, & t\leqslant 15\\ 500, & 15<t<30\\ 0, & t\geqslant 30\end{cases} \quad \theta_s^1=0,t<15s;\theta_s^1=5,a_1=0.1,t\geqslant 15s \tag{5.69}$$

$$f_{a2}=0,\forall t. \qquad\qquad \theta_s^2=0,\forall t.$$

选取 Lipschitz 常数 $\theta_0=0.865$，$L_f=\theta_0\|C\|=0.865$。假设系统矩阵$\overline{E}=\begin{bmatrix}I_6 & 0_{6\times 2}\\ 0_{2\times 6} & 0_{2\times 2}\end{bmatrix}$，$f'_a\neq 0$，$f'_s\neq 0$ 但满足范数有界，则可构造如式(5.7) 所示的非线性广义系统，其中 $j=1$。选取 $\overline{L}_D=\begin{bmatrix}0&0&0&0&0&0&2&0\\0&0&0&0&0&0&0&-5\end{bmatrix}^{\mathrm{T}}$，可保证 $\overline{S}=\overline{E}+\overline{L}_D\overline{C}$ 非奇异，则 $\alpha_0=0.374$。

令 $\varpi=16.2$，$\Omega_{11}=\begin{bmatrix}I_{7\times 7} & 0_{7\times 1}\\ 0_{1\times 7} & 1\end{bmatrix}$，$\Omega_{22}=\begin{bmatrix}1&0\\0&1\end{bmatrix}$，通过求定理 5.3 中的最优解问题可得 $\varepsilon_f=0.165$，$\varepsilon_d=0.428$，$\eta=0.052$，$\overline{\eta}=19.231$，进一步可得观测增益矩阵 $\overline{L}_p=\overline{SP}^{-1}\overline{C}^{\mathrm{T}}=\begin{bmatrix}20.09 & 105.96 & -985.54 & -45.69 & -242.59 & 495.46 & -349.11 & 684.66\\ -10.08 & 169.72 & -1823.28 & -91.55 & -550.12 & 870.95 & -717.42 & 1218.67\end{bmatrix}^{\mathrm{T}}$

5.3.2 仿真结果

图 5.2～图 5.5 所示为系统真实状态（逆变器输出电流和电容电压）及其估计值，很明显，本章所提出的重构算法可以在故障发生前后准确地估计系统中的所有状态量。同时，仿真结果图 5.6～图 5.8 表明，本章所提算法对执行

器/传感器故障、输出测量噪声等均具有优异的估计性能。特别需要指出的是，本章所提出的重构算法可以估计任何形式的信号，例如阶跃信号（表征逆变器输出电压的突变故障）、缓变信号（表征逆变器电路早期传感器微小漂移故障）以及随机信号（表征输出测量噪声），信号重构的速度和精度都能得到保障。

为了将本章所提信号重构算法与文献［95］～［97］进行对比，引入了均方根误差（Root Mean Square Error，RMSE）的概念。RMSE又称作均方根差（Root Mean Square Deviation，RMSD），是一个用来描述模型预测值和观测值之间差异的统计量，其形式可以定义为

$$\mathrm{RMSE}=\sqrt{\frac{\sum_{i=1}^{n}(X_{o,i}-X_{m,i})^{2}}{n}} \tag{5.70}$$

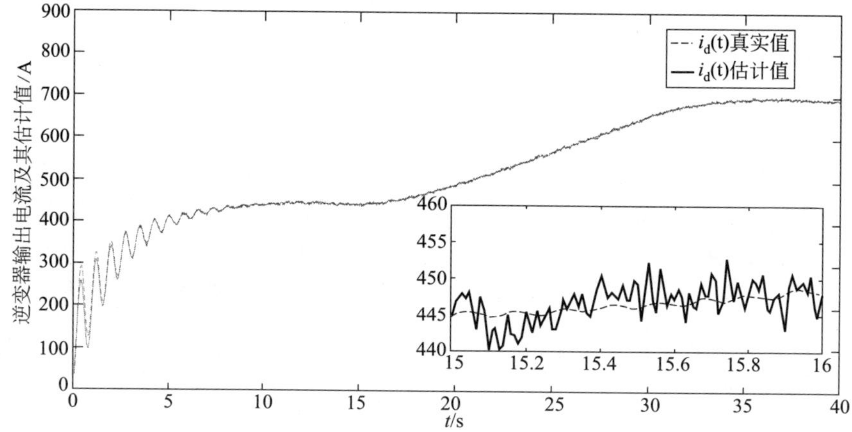

图 5.2 逆变器输出电流（d 轴）及其估计

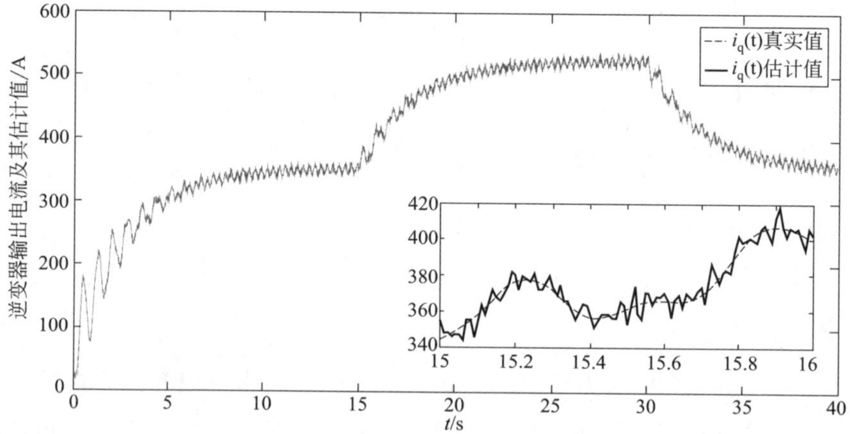

图 5.3 逆变器输出电流（q 轴）及其估计

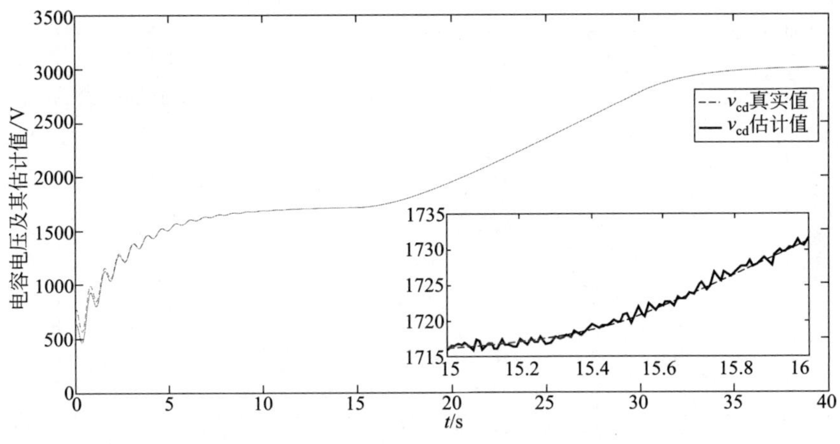

图 5.4 电容电压（d 轴）及其估计

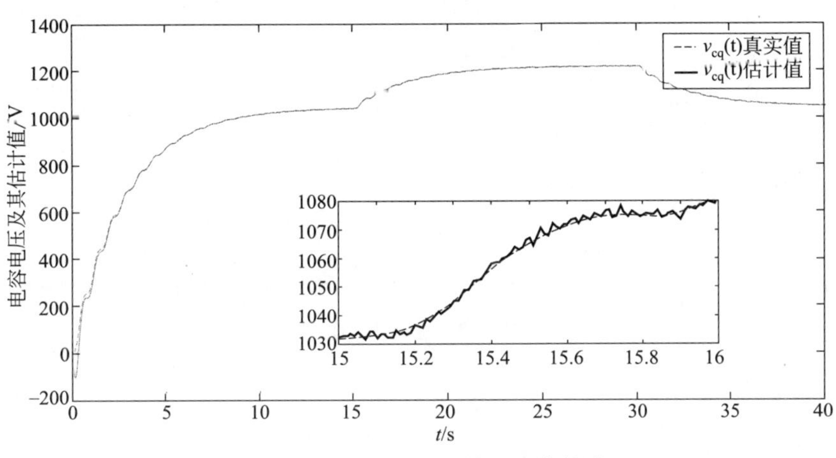

图 5.5 电容电压（q 轴）及其估计

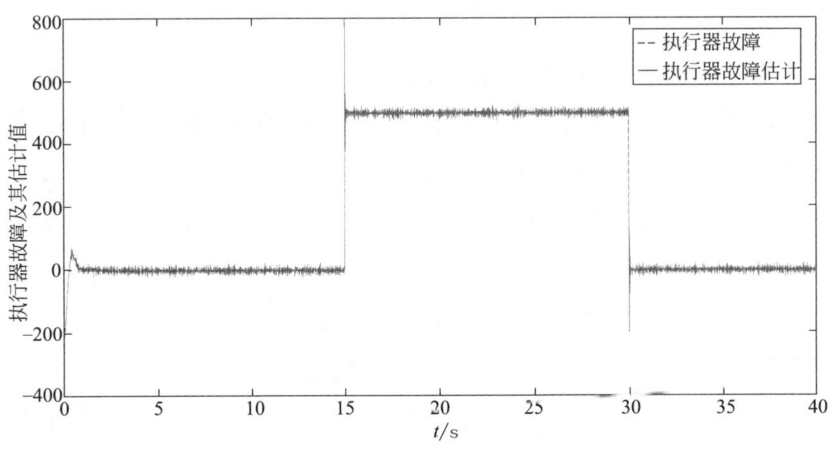

图 5.6 执行器突变故障及其估计

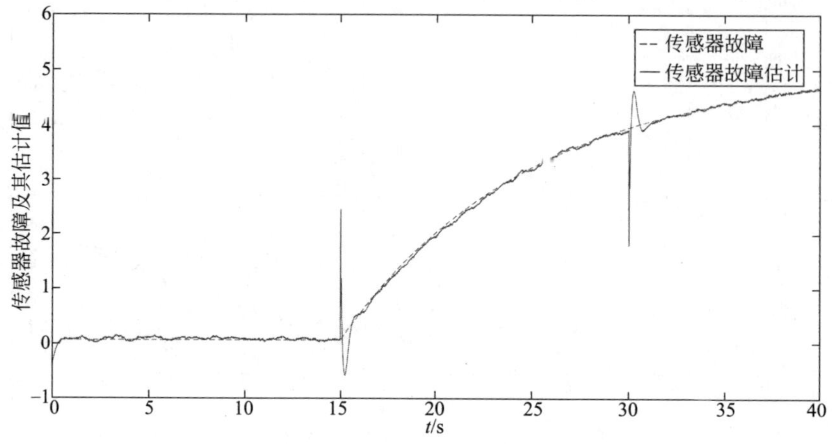

图 5.7　传感器早期微小故障及其估计

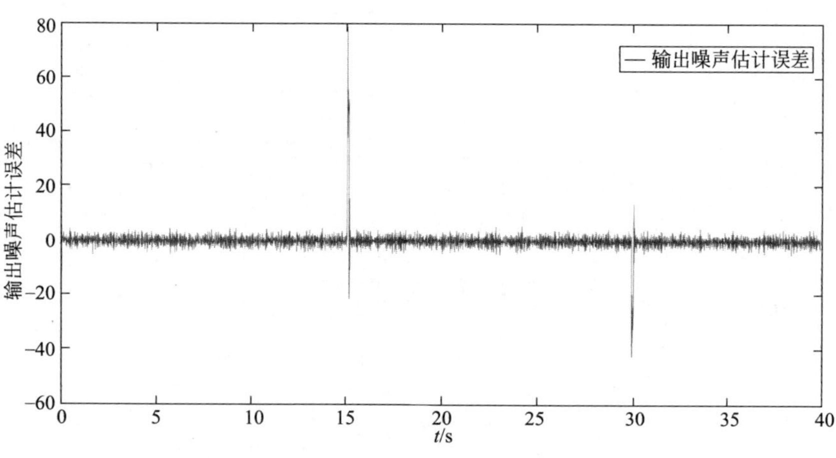

图 5.8　输出测量噪声估计误差

其中 $X_{o,i}$ 为第 i 个采样时刻的观测值，$X_{m,i}$ 为第 i 个采样时刻的模型值。在本章中，观测值对应于信号的估计值，模型值对应于采样时刻真实的信号。表 5.2 所示为各信号的 RMSE 统计量，不难发现，本章所提算法在系统状态、执行器/传感器故障、噪声重构上都优异于文献［95］～［97］所提算法。

表 5.2　各信号估计的 RMSE 统计量

符号	描述	本章	文献[95]	文献[96]	文献[97]
$i_d(t)$	逆变器输出电流信号估计的 RMSE 统计量	0.051	0.094	0.086	0.088
$i_q(t)$	逆变器输出电流信号估计的 RMSE 统计量	0.068	0.112	0.091	0.101
$v_{cd}(t)$	电容电压信号估计的 RMSE 统计量	0.053	0.092	0.081	0.085

续表

符号	描述	本章	文献[95]	文献[96]	文献[97]
$V_{cq}(t)$	电容电压信号估计的 RMSE 统计量	0.058	0.098	0.072	0.080
$f_a(t)$	执行器故障信号估计的 RMSE 统计量	0.072	0.126	—	—
$f_s(t)$	传感器故障信号估计的 RMSE 统计量	0.052	0.091	0.077	0.089
$\omega(t)$	噪声信号估计的 RMSE 统计量	0.075	—	0.091	0.102

5.4 小结

本章针对一类包含系统扰动和输出测量噪声的 Lipschitz 非线性系统设计了新颖的广义估计器，用于系统状态、执行器/传感器故障和系统噪声的渐近估计。本章的主要贡献包括：①实现了执行器/传感器故障并发下的信号重构；②重构算法不受信号形式的影响，可以同时估计突变信号（逆变器输出电压的突变故障)、缓变信号（逆变器电路中早期传感器微小漂移故障）以及随机信号（系统噪声)；③所提出的线性矩阵不等式最优算法可以保证在给定约束条件下的信号最优估计。通过仿真对比，本章所提算法在信号的重构速度和重构精度方面均优于相关文献中所提出的诊断算法。

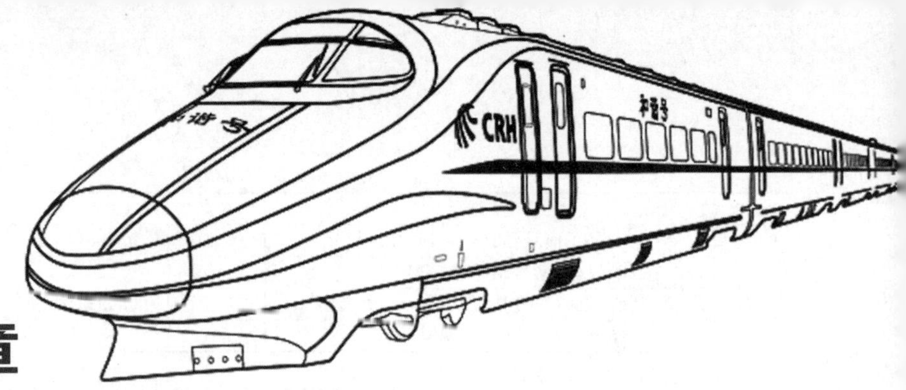

第6章 基于鲁棒观测器的高速列车牵引电机定子绕组早期故障检测与隔离

本书先前章节主要针对动车组牵引控制系统可能出现的早期微小故障进行相应的检测和诊断研究，所提方法也都是从控制系统的宏观角度出发，并未涉及牵引部件的本体故障（即牵引部件本身的故障），本章将就牵引电机的早期本体故障展开检测和诊断研究。

感应电机作为牵引系统的重要组成部分，其早期本体故障的及时检测和准确诊断对于高速列车牵引系统的可靠性具有重要的意义。在感应电机本体故障中，定子绕组和转子绕组的故障所占比例最大，占所有故障类型的46%，因此感应电机绕组故障的检测和诊断是电机本体故障研究的重中之重。本章首先对三相笼式异步电机定/转子绕组的早期故障进行数学建模和特性分析，构建了牵引电机 d-q 坐标系状态空间方程（包括可能的绕组故障和负载扰动），并针对此单输出系统提出了基于鲁棒观测器的故障检测和隔离方案，仿真实验表明该设计在对负载扰动影响鲁棒的同时，对绕组故障也十分敏感。实现了定子绕组小范围绝缘击穿（5%绝缘层击穿）故障下的检测和定位。

6.1 系统建模

CRH2 型动车组列车装备三相笼式异步电机（型号 MT205），单机的外形及剖面结构如图 6.1 所示。其中每节动车配有四台并联的异步交流电机，如果全列列车 16 节编组，则全列动车共配备 16 台异步电机。与传统的直流电机相比，三相交流异步电机具有如下的优势：①功率大、体积小、重量轻；②结构简单、可靠性高；③牵引特性良好；④受谐波干扰小、功率因数高，因此在高速列车牵引系统中得到了广泛的应用。

为了获得简化的异步电机模型，需要作如下假设[81]。

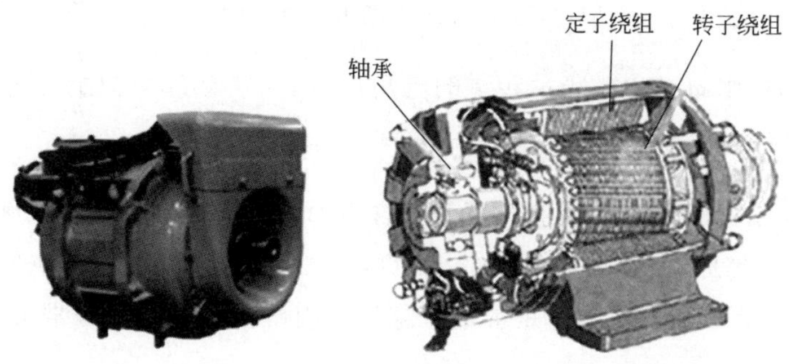

图 6.1　CRH2 型动车组列车三相笼式异步电机外形及剖面结构

假设 6.1：异步电机绕组结构对称。

假设 6.2：转子条同轴并且气隙宽度恒定。

假设 6.3：定子绕组以星形方式连接并且中性点不接地。

假设 6.4：假设定子/转子回路所有线圈的电阻、电感恒定。

基于假设 6.1～6.4，定子绕组和转子绕组的电压方程和磁通方程[81] 表述如下

$$
\begin{aligned}
v_{abc\_s} &= \bar{R}_{\_s} i_{abc\_s} + p\phi_{abc\_s} \\
v_{abc\_r} &= \bar{R}_{\_r} i_{abc\_r} + p\phi_{abc\_r} = 0 \\
\phi_{abc\_s} &= \bar{L}_{\_s} i_{abc\_s} + \bar{M}_{\_sr}(\theta_{\_r}) i_{abc\_r} \\
\phi_{abc\_r} &= \bar{L}_{\_r} i_{abc\_r} + \bar{M}_{\_rs}(\theta_{\_r}) i_{abc\_s}
\end{aligned}
\tag{6.1}
$$

其中 s 和 r 表示定/转子回路，电压 $v_{abc}=[v_a v_b v_c]^{\mathrm{T}}$，电流 $i_{abc}=[i_a i_b i_c]^{\mathrm{T}}$，磁通 $\phi_{abc}=[\phi_a \phi_b \phi_c]^{\mathrm{T}}$，定子回路等效电阻 $\bar{R}_{\_s}=\mathrm{diag}[R_{\_s} R_{\_s} R_{\_s}]$，转子回路等效电阻 $\bar{R}_{\_r}=\mathrm{diag}[R_{\_r} R_{\_r} R_{\_r}]$，$\bar{L}_{\_s}$ 和 $\bar{L}_{\_r}$ 分别表示定/转子回路电感，$\bar{M}_{_sr}(\theta_{_r})$和 $\bar{M}_{_rs}(\theta_{_r})$表示定/转子回路间的互感，两者之间的关系可以表述如下：

$$
\bar{M}_{\_sr}(\theta_{\_r}) = \bar{M}_{\_rs}^{\mathrm{T}}(\theta_{\_r}) = L_{\_sr}
\begin{bmatrix}
\cos(n_p\theta_{\_r}) & \cos(n_p\theta_{\_r}+2/3\pi) & \cos(n_p\theta_{\_r}-2/3\pi) \\
\cos(n_p\theta_{\_r}-2/3\pi) & \cos(n_p\theta_{\_r}) & \cos(n_p\theta_{\_r}+2/3\pi) \\
\cos(n_p\theta_{\_r}+2/3\pi) & \cos(n_p\theta_{\_r}-2/3\pi) & \cos(n_p\theta_{\_r})
\end{bmatrix}
\tag{6.2}
$$

其中 n_p 为磁极对数，$L_{\_sr}$ 是定/转子回路互感的最大值，$\theta_{\_r}$ 表示定/转子轴线夹角，其形式可以表述为

$$\theta_{\_r}(t)=\int_0^t \omega_{\_r}(t)\mathrm{d}t+\theta_{\_r}(0) \tag{6.3}$$

式(6.3) 中 $\omega_{\_r}(t)$ 表示转子的电角速度，$\theta_{\_r}(0)$ 为初始夹角。

6.1.1 三相笼式异步电机同步旋转坐标系建模

由于理想化的三相感应电机模型中含有时变项，所以引入 dq 坐标系以方便计算。abc 坐标系与 dq 坐标系的变换如图 6.2 所示。在同步旋转坐标系中，dq 坐标系变量在稳态情况下是常量，这给牵引电机的故障检测带来很多便利。

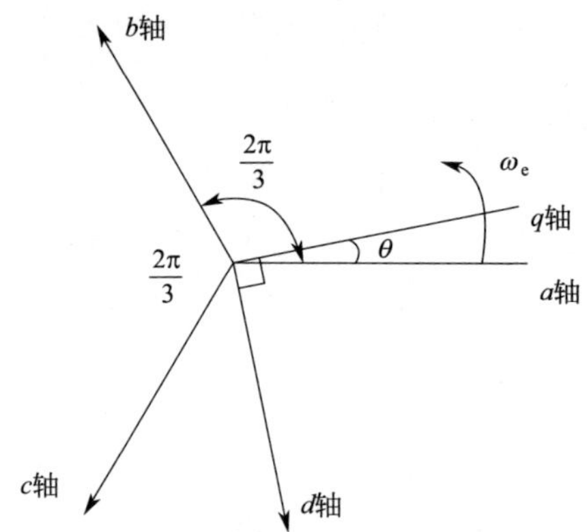

图 6.2 abc/dq 坐标变换

给定如下变换矩阵可以实现 abc 坐标系到 dq 坐标系的变换

$$T_{dq}(\theta)=2/3\begin{bmatrix}\cos(\theta) & \cos(\theta-2/3\pi) & \cos(\theta+2/3\pi)\\ \sin(\theta) & \sin(\theta-2/3\pi) & \sin(\theta+2/3\pi)\end{bmatrix} \tag{6.4}$$

其中 θ 是参考坐标系中 q 轴和静止的定子绕组的 a 轴的夹角，其形式可以表述如下：

$$\theta(t)=\int_0^t \omega_e(t)\mathrm{d}t+\theta(0) \tag{6.5}$$

式(6.5) 中 $\omega_e(t)$ 为坐标系的旋转角速度，$\theta(0)$ 为初始夹角。

式(6.1) 经矩阵 $T_{dq}(\theta)$的变换，可得同步旋转坐标系下的电压方程和磁通方程。令 $\omega_e(t)=\omega_{\_s}(t)$，其中 $\omega_{_s}(t)$为同步角速度。

同步旋转坐标系下的电压方程

$$v_{q\_s}=p\phi_{q\_s}+R_{\_s}i_{q\_s}+\omega_{\_s}\phi_{d\_s} \tag{6.6}$$

$$v_{d\_s}=p\phi_{d\_s}+R_{\_s}i_{d\_s}-\omega_{\_s}\phi_{q\_s} \tag{6.7}$$

$$v_{q\_r}=p\phi_{q\_r}+R_{\_r}i_{q\_r}+(\omega_{\_s}-\omega_{\_r})\phi_{d\_r}=0 \tag{6.8}$$

$$v_{d\_r}=p\phi_{d\_r}+R_{\_r}i_{d\_r}-(\omega_{\_s}-\omega_{\_r})\phi_{q\_r}=0 \tag{6.9}$$

同步旋转坐标系下的磁通方程

$$\phi_{q\_s}=L_{\_s}i_{q\_s}+L_m i_{q\_r} \tag{6.10}$$

$$\phi_{d\_s}=L_{\_s}i_{d\_s}+L_m i_{d\_r} \tag{6.11}$$

$$\phi_{q\_r}=L_{\_r}i_{q\_r}+L_m i_{q\_s} \tag{6.12}$$

$$\phi_{d\_r}=L_{\_r}i_{d\_r}+L_m i_{d\_s} \tag{6.13}$$

其中 L_m 为磁化电感。

机械角速度 $\omega_m(t)$ 受电磁转矩 T_e 和负载转矩 T_L 的共同影响，其关系表述如下

$$J\frac{\mathrm{d}\omega_m}{\mathrm{d}t}=T_e+T_L \tag{6.14}$$

其中电磁转矩

$$\begin{aligned}T_e&=\frac{3}{2}n_p(\phi_{q\_r}i_{d\_r}-\phi_{d\_r}i_{q\_r})\\&=\frac{3}{2}n_p(\phi_{d\_s}i_{q\_s}-\phi_{q\_s}i_{d\_s})\\&=\frac{3}{2}n_p L_m(i_{d\_r}i_{q\_s}-i_{q\_r}i_{d\_s})\end{aligned} \tag{6.15}$$

在假设转轴刚性连接的条件下，J 表示转子和负载共同的转动惯量；电角速度 $\omega_r(t)$ 和机械角速度 $\omega_m(t)$ 的关系为：

$$\omega_r(t)=\dot{\theta}_r=n_p\omega_m(t) \tag{6.16}$$

6.1.2 三相笼式异步电机定子/转子故障建模及分析

根据权威的调查统计，在异步电机所有的故障类型中绕组故障和轴承故障分别占到了总故障比例的46%和40%。在绕组故障中，绝缘失效（由于线圈的磨损和腐蚀）以及由于振动引起的线束移位是造成定子绕组故障的主要原因；而绝缘层的破损（由于电、热、机械应力等外部因素的影响）是转子绕组故障的主要成因。在本节中，重点讨论转子断条故障和定子绕组匝间短路故障的数学建模和物理特性分析。

（1）转子断条故障（见图6.3）建模

假设三相笼式异步电机中转子绕组共有 N 匝，每相绕组以并联的方式连接，且每相中有 n 匝发生破损。假设定/转子回路的自感和互感不变化，且故障只对转子回路的等效电阻值产生影响。令 R_{a_r}、R_{b_r} 和 R_{c_r} 分别对应于转子绕组回路三相的电阻值；$R_{\_r}$ 为绕组回路中每相的电阻值；$R_{\_bur}$ 表示每条转子绕组的电阻；$R'_{\_r}$ 表示转子断条故障发生后转子绕组的电阻；$\Delta R_{\_r}$ 表示断条故障发生前后转子绕组电阻值的改变量。

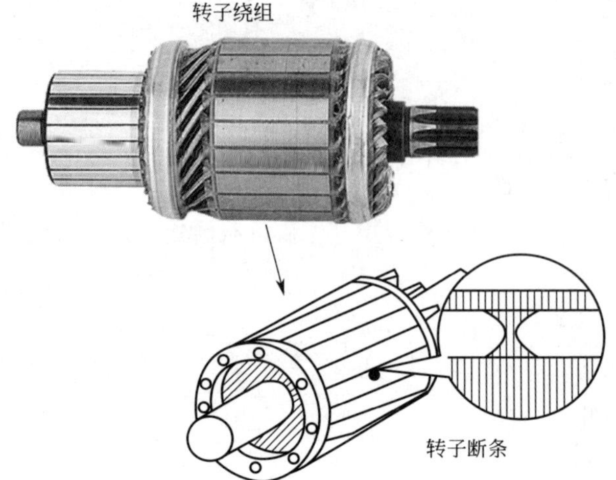

图 6.3　转子断条故障

$$R_{a\_r}=R_{b\_r}=R_{c\_r}=R_{\_r} \tag{6.17}$$

由于转子绕组线圈以并联的方式连接，进一步可得如下关系式：

$$R_{\_r}=\frac{R_{\_bar}}{N/3}=3\ \frac{R_{\_bar}}{N} \tag{6.18}$$

$$R'_{\_r}=\frac{R_{\_bar}}{N/3-n}=\frac{3R_{\_bar}}{N-3n} \tag{6.19}$$

$$\Delta R_{\_r}=R_{\_r}-R'_{\_r}=3\ \frac{R_{\_bar}}{N}-\frac{3R_{\_bar}}{N-3n}=\frac{3n}{3n-N}R_{\_r} \tag{6.20}$$

通过上述的理论分析不难发现转子断条故障发生后，总的转子回路绕组的等效阻值会增加。

转子回路早期微小故障模型：

$$\Delta R_{\_r}(t)=\Delta R_{\_r}\beta_r(t-T_0) \tag{6.21}$$

其中 T_0 为故障发生时刻，$\beta_r(t-T_0)$ 为描述早期故障演变速率的函数，其形式如下

$$\beta_r(t-T_0)=\begin{cases}0, & t<T_0\\ 1-\mathrm{e}^{-\alpha_r(t-T_0)}, & t\geqslant T_0\end{cases} \tag{6.22}$$

其中 $\alpha_r>0$ 描述转子绕组故障的演变速率。

（2）定子绕组匝间短路故障（见图 6.4）建模

假设三相笼式异步电机定子绕组中每相共有 N 匝，其中 N_i 匝发生匝间短路故障。同样为方便起见，只考虑绕组线圈电阻值的变化，忽略故障对于线

圈自感和互感的影响。

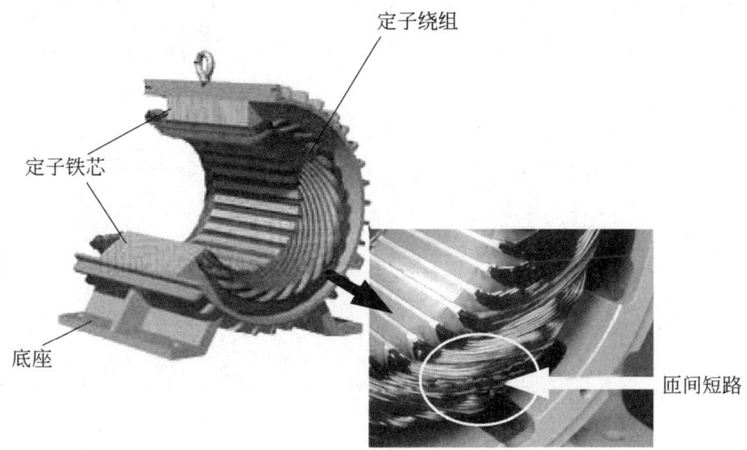

图 6.4　定子绕组匝间短路故障

令 R_{a_s}、R_{b_s} 和 R_{c_s} 分别对应于定子绕组三相的电阻值；$R_{\_s}$ 为绕组回路中每相的电阻；$R'_{\_s}$ 表示匝间短路故障发生后定子绕组的电阻；$\Delta R_{\_s}$ 表示匝间短路故障发生前后定子绕组电阻值的改变量。

$$R_{a\_s}=R_{b\_s}=R_{c\_s}=R_{\_s} \tag{6.23}$$

由于定子绕组线圈以串联的方式连接，进一步可得如下关系式：

$$R'_{\_s}=\frac{N-N_i}{N}R_{\_s} \tag{6.24}$$

$$\Delta R_{\_s}=R_{\_s}-R'_{\_s}=\frac{N_i}{N}R_{\_s} \tag{6.25}$$

通过上述的理论分析，不难发现定子绕组匝间短路故障发生后，总的定子绕组等效阻值减少。

定子回路早期微小故障模型：

$$\Delta R_{\_s}(t)=\Delta R_{\_s}\beta_s(t-T_0) \tag{6.26}$$

其中 T_0 为故障发生时刻，$\beta_s(t-T_0)$ 为描述故障演变速率的函数，其形式如下

$$\beta_s(t-T_0)=\begin{cases}0, & t<T_0\\ 1-\mathrm{e}^{-\alpha_s(t-T_0)}, & t\geqslant T_0\end{cases} \tag{6.27}$$

其中 $\alpha_s>0$ 描述定子绕组故障的演变速率。

6.1.3　三相笼式异步电机状态空间方程建模

考虑负载变化 $\Delta T_L(t)$ 对于系统动态的影响，则总负载转矩可记作 $T_L(t)=$

$T_{NL}+\Delta T_L(t)$，其中 T_{NL} 为电机铭牌标注的额定负载转矩，负载的变化 $\Delta T_L(t)$ 为未知的非线性函数且范数有界。其次，考虑转子断条故障、定子绕组匝间短路故障以及故障演变过程对于系统动态特性的影响，在式(6.6)～式(6.27) 的基础上，三相笼式异步电机的状态方程可以描述如下：

$$\begin{cases}\dot{x}(t)=Ax(t)+\zeta_0(x,u)+E_f\beta(t-T_0)f(t)+E_d d(t)\\ y(t)=Cx(t)\end{cases}\tag{6.28}$$

其中

$$x(t)=[x_1x_2x_3x_4x_5]^{\mathrm{T}}=[i_{q\_s}i_{d\_s}\phi_{q\_s}\phi_{d\_s}\omega]^{\mathrm{T}},u(t)=[v_{q\_s}v_{d\_s}]^{\mathrm{T}}$$

$$d(t)=\Delta T_L(t),E_d=\begin{bmatrix}0 & 0 & 0 & 0 & \dfrac{1}{J}\end{bmatrix}^{\mathrm{T}},C=[0\quad 0\quad 0\quad 0\quad 1]$$

$$A=\begin{bmatrix}-\gamma & -\omega_{\_s} & \alpha\beta & 0 & 0\\ \omega_{\_s} & -\gamma & 0 & \alpha\beta & 0\\ \alpha L_m & 0 & -\alpha & -\omega_{\_s} & 0\\ 0 & \alpha L_m & \omega_{\_s} & -\alpha & 0\\ 0 & 0 & 0 & 0 & \tau\end{bmatrix},\zeta_0(x,u)=\begin{bmatrix}-n_p\beta x_5x_4+\dfrac{v_{q\_s}}{\sigma L_{\_s}}\\ n_p\beta x_5x_3+\dfrac{v_{d\_s}}{\sigma L_{\_s}}\\ n_p\beta x_5x_4\\ -n_p\beta x_5x_3\\ \mu(x_4x_1-x_2x_3)+\dfrac{T_L}{J}-\tau x_5\end{bmatrix}$$

$$\sigma=1-\frac{L_m^2}{L_{\_s}L_{\_r}},\alpha=\frac{R_{\_r}}{L_{\_r}},\beta=\frac{L_m}{\sigma L_{\_s}L_{\_r}},\gamma=\frac{L_m^2R_{\_r}}{\sigma L_{\_s}L_{\_r}^2}+\frac{R_{\_s}}{\sigma L_{\_s}}$$

选取 τ 的数值为一很小的正数以保证矩阵 A 满秩。定/转子绕组早期微小故障表述成如下的统一形式：

$$E_f\beta(t-T_0)f(t)=\underbrace{\begin{bmatrix}-\dfrac{1}{\sigma L_{\_s}} & -\dfrac{L_m^2}{\sigma L_{\_s}L_{\_r}^2} & 0 & 0 & 0 & \dfrac{\beta}{L_{\_r}} & 0 & 0\\ 0 & 0 & -\dfrac{1}{\sigma L_{\_s}} & -\dfrac{L_m^2}{\sigma L_{\_s}L_{\_r}^2} & 0 & 0 & 0 & \dfrac{\beta}{L_{\_r}}\\ 0 & \dfrac{L_m}{L_{\_r}} & 0 & 0 & 0 & -\dfrac{1}{L_{\_r}} & 0 & 0\\ 0 & 0 & 0 & \dfrac{L_m}{L_{\_r}} & 0 & 0 & 0 & -\dfrac{1}{L_{\_r}}\\ 0 & 0 & 0 & 0 & 0 & 0 & 0 & 0\end{bmatrix}}_{E_f}$$

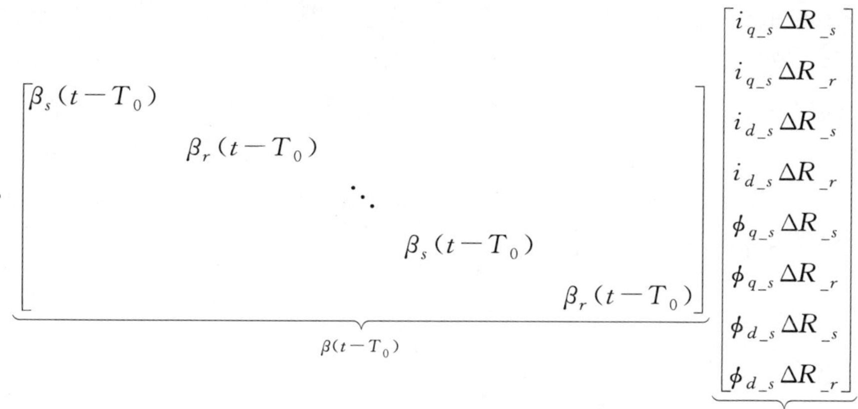

式(6.28) 中的故障项可以表述为更加简洁的数学形式，即异步电机的状态方程可以描述为

$$\begin{cases}\dot{x}(t)=Ax(t)+\zeta_0(x,u)+\psi^i(x)\Delta R_{\_i}+E_d d(t)\\ y(t)=Cx(t)\end{cases}\tag{6.29}$$

其中 i 表征故障模态，$i=r$ 或 $i=s$ 分别对应转子绕组故障和定子绕组故障；未知常数参量 $\Delta R_{\_r}$ 和 $\Delta R_{\_s}$ 表示绕组故障的幅值［其数学表述同式(6.20) 和式(6.25)］；$\psi^i(x)$ 表示绕组故障的功能结构（故障分布、故障演变速率等），根据绕组故障类型的不同，其形式可以描述为：

$$\psi^r(x)=E_f\begin{bmatrix}0 & & & & \\ & \beta_r(t-T_0) & & & \\ & & \ddots & & \\ & & & 0 & \\ & & & & \beta_r(t-T_0)\end{bmatrix}\begin{bmatrix}i_{q\_s}\\ i_{q\_s}\\ i_{d\_s}\\ i_{d\_s}\\ \phi_{q\_s}\\ \phi_{q\_s}\\ \phi_{d\_s}\\ \phi_{d\_s}\end{bmatrix},$$

$$\psi^s(x)=E_f\begin{bmatrix}\beta_s(t-T_0) & & & & \\ & 0 & & & \\ & & \ddots & & \\ & & & \beta_s(t-T_0) & \\ & & & & 0\end{bmatrix}\begin{bmatrix}i_{q\_s}\\ i_{q\_s}\\ i_{d\_s}\\ i_{d\_s}\\ \phi_{q\_s}\\ \phi_{q\_s}\\ \phi_{d\_s}\\ \phi_{d\_s}\end{bmatrix}$$

假设 6.5： $\|\Delta R_{\_i}\| \leqslant \max\{R_{\_r}, R_{\_s}\} = R_m$，$\forall i \in \{r, s\}$，其中 R_m 为一未知常数。

假设 6.6： 矩阵 $\psi^i(x)$ 范数有界，即存在一个已知有界连续函数 $\vartheta(t)$ 满足

$$\|\psi^i(x)\| \leqslant \vartheta(t), \forall x \in X, \forall i \in \{r, s\} \tag{6.30}$$

假设 6.7： 向量 $E_d d(t)$ 范数有界，即

$$\|E_d d(t)\| \leqslant \bar{d} \tag{6.31}$$

其中 $\bar{d}$ 为一已知常数。

6.2 绕组故障检测与隔离

6.2.1 系统变换

为方便观测器的设计，在系统（6.29）的基础上引入如式(6.32) 所示的系统变换矩阵

$$z = x - \mu_1(t)\Delta R_{\_i} - \mu_2(t), \forall i \in \{r, s\} \tag{6.32}$$

其中

$$\dot{\mu}_1(t) = (I - \gamma C)A\mu_1(t) + (I - \gamma C)\psi^i(x) \tag{6.33}$$

$$\dot{\mu}_2(t) = (I - \gamma C)A\mu_2(t) + (I - \gamma C)E_d d(t) \tag{6.34}$$

矩阵 $\mu_1(t)$、$\mu_2(t)$ 和向量 γ 的结构定义如下

$$\mu_1(t) = [0\ \kappa_1(t)^{\mathrm{T}}]^{\mathrm{T}}, \mu_2(t) = [0\ \kappa_2(t)^{\mathrm{T}}]^{\mathrm{T}} \tag{6.35}$$

$$\gamma = [1\ \gamma_1\ \gamma_2\ \gamma_3\ \gamma_4]^{\mathrm{T}} \tag{6.36}$$

则变换之后的系统可以表述如下

$$\begin{cases} \dot{z}(t) = Az(t) + \zeta_0(x, u) + \gamma\rho^{i\mathrm{T}}(t)\Delta R_{\_i} + \gamma\omega(t) \\ \eta(t) = Cz(t) \end{cases} \tag{6.37}$$

其中

$$\rho^{i\mathrm{T}}(t) = C[A\mu_1(t) + \psi^i(x)], \forall i \in \{r, s\} \tag{6.38}$$

$$\omega(t) = [A\mu_2(t) + E_d d(t)] \tag{6.39}$$

注释 6.1： 因为 $\psi^i(x)$ 的结构已知，所以可得 $\mu_1(t)$ 和 $\rho^i(t)$，$\forall i \in \{r, s\}$。同时根据前一节的系统建模分析，牵引电机系统的外部干扰 $E_d d(t)$ 未知，所以 $\mu_2(t)$ 和 $\omega(t)$ 也未知，其中 $\omega(t)$ 可视为系统（6.37）的未知输入。以下章节的目的就是设计合适的观测器，估计未知输入 $\omega(t)$ 和未知绕组故障 $\Delta R_{\_i}$，$\forall i \in \{r, s\}$作用下系统（6.37）的状态。

6.2.2 故障检测观测器设计

根据文献[100]中引理 1 的相关理论和证明,一定存在两个已知的标量 $\bar{\omega}$ 和 $\underline{\omega}$,满足

$$\underline{\omega} \leqslant \omega(t) \leqslant \bar{\omega} \tag{6.40}$$

考虑如下的无故障模型

$$\begin{cases} \dot{z}(t)=Az(t)+\zeta_0(x,u)+\gamma\omega(t) \\ \eta(t)=Cz(t) \end{cases} \tag{6.41}$$

设计如下形式的故障检测观测器

$$\dot{\hat{z}}(t)=A\hat{z}(t)+\zeta_0(x,u)+L(\eta-C\hat{z})+\gamma\hat{\omega}(t) \tag{6.42}$$

其中,$\hat{z}(t)$ 为观测器状态;观测器增益矩阵 $L=[L_1 L_2 \cdots L_5]^{\mathrm{T}}=(A+\lambda I)\gamma$,$\lambda>0$ 为待定参量;未知输入 $\omega(t)$ 可按下式进行估计

$$\hat{\omega}(t)=\underline{\omega}+(\bar{\omega}-\underline{\omega})\delta\{C[z(t)-\hat{z}(t)]\} \tag{6.43}$$

式(6.43) 中的切换函数定义如下

$$\delta(\cdot)=\begin{cases} 0,(\cdot)<0 \\ 1,(\cdot)\geqslant 0 \end{cases} \tag{6.44}$$

则误差动态系统可以描述为

$$\dot{\tilde{z}}(t)=\bar{A}\tilde{z}(t)+\gamma[\omega(t)-\hat{\omega}(t)] \tag{6.45}$$

其中 $\tilde{z}(t)=z(t)-\hat{z}(t)$,$\bar{A}=A-LC$。

注释 6.2:所设计的故障检测观测器(6.42)可以保证误差动态系统(6.45)中的状态 $\tilde{z}(t)$渐近收敛到 0。由于相关证明过程和定理 6.1 中的证明相同(只是隐去故障项),所以证明过程不再赘述,详细过程可以参考定理 6.1 的证明。

6.2.3 故障隔离观测器设计

针对可能发生的转子绕组故障 $\Delta R_{\_r}$,设计如下形式的故障隔离观测器

$$\begin{cases} \dot{\hat{z}}^r(t)=A\hat{z}^r(t)+\zeta_0(x,u)+\gamma\rho^{r\mathrm{T}}(t)\Delta\hat{R}_{\_r}+L(\eta-C\hat{z}^r)+\gamma\hat{\omega}_r(t) \\ \Delta\dot{\hat{R}}_{\_r}=\Gamma_r\rho^r(t)(\eta-C\hat{z}^r) \end{cases} \tag{6.46}$$

其中 $\hat{z}^r(t)$ 为转子绕组故障 $\Delta R_{\_r}$ 发生时故障隔离观测器的状态;$\Delta\hat{R}_{\_r}$ 为故障 $\Delta R_{\_r}$ 的估计;观测器增益矩阵 L 同式(6.42);学习率 Γ_r 为对称正定

矩阵；未知输入可按如下切换律进行估计

$$\hat{\omega}_r(t)=\underline{\omega}+(\bar{\omega}-\underline{\omega})\delta\{C[z(t)-\hat{z}^r(t)]\} \tag{6.47}$$

$\bar{\omega}$ 和 $\underline{\omega}$ 的定义同式(6.40)，切换函数 $\delta(\cdot)$的定义同式(6.44)。则误差动态系统可以描述为，

$$\begin{cases}\dot{\tilde{z}}^r(t)=\bar{A}\tilde{z}^r(t)+\gamma\rho^{r\mathrm{T}}(t)\Delta\widetilde{R}_{\_r}+\gamma[\omega(t)-\hat{\omega}^r(t)]\\ \Delta\dot{\hat{R}}_{\_r}=-\Gamma_r\rho^r(t)C\tilde{z}^r\end{cases} \tag{6.48}$$

其中 $\bar{A}=A-LC$，状态估计误差 $\tilde{z}^r(t)=z(t)-\hat{z}^r(t)$，故障估计误差 $\Delta\widetilde{R}_{\_r}=\Delta R_{\_r}-\Delta\hat{R}_{\_r}$。

引理 6.1：给定一个 Hurwitz 矩阵 $M\in R^{n\times n}$，向量 $a\in R^{n\times 1}$、$b\in R^{n\times 1}$，以及一个对称正定矩阵 $Q\in R^{n\times n}$，如果满足

$$Re[b^T(j\chi I-M)^{-1}a]>0,\forall_{\chi}\in R \tag{6.49}$$

则一定存在一个正实数 ε、一个向量 ω 和一个对称正定矩阵 P，使得如下等式成立

$$M^TP+PM=-\bar{\omega}\bar{\omega}^T-\varepsilon Q,Pa=b \tag{6.50}$$

定理 6.1：考虑如式(6.48) 所示的误差动态系统，设计如式(6.46) 所示的故障隔离观测器，可以保证状态估计误差 $\tilde{z}^r(t)$渐近收敛到 0。

证明：根据文献 [101]，(C，$\bar{A}$，γ) 满足如下条件，

$$Re[C(j\chi I-\bar{A})^{-1}\gamma]>0,\forall_{\chi}\in R \tag{6.51}$$

根据引理 6.1，则一定存在一个正实数 ε、一个向量 $\bar{\omega}$ 和一个对称正定矩阵 P 满足如下关系

$$\bar{A}^{\mathrm{T}}P+P\bar{A}=-\bar{\omega}\bar{\omega}^{\mathrm{T}}-\varepsilon Q,P\gamma=C^{\mathrm{T}} \tag{6.52}$$

考虑如下形式的 Lyapunov 方程

$$V(\tilde{z}^r(t),\Delta\widetilde{R}_{\_r})=\frac{1}{2}\tilde{z}^{r\mathrm{T}}(t)P\tilde{z}^r(t)+\frac{1}{2}\Delta\widetilde{R}^{\mathrm{T}}_{\_r}(t)\Gamma_r^{-1}\Delta\widetilde{R}_{\_r}(t) \tag{6.53}$$

则

$$\dot{V}=\frac{1}{2}\tilde{z}^{r\mathrm{T}}(t)(P\bar{A}+\bar{A}^{\mathrm{T}}P\tilde{z}^r(t)+[\omega(t)-\hat{\omega}_r(t)]C\tilde{z}^r(t) \tag{6.54}$$

根据式(6.44) 中切换函数的定义，可知

$$[\omega(t)-\hat{\omega}_r(t)]C\tilde{z}^r(t)=\begin{cases}[\omega(t)-\bar{\omega}]C\tilde{z}^r(t),C\tilde{z}^r(t)\geqslant 0\\ [\omega(t)-\underline{\omega}]C\tilde{z}^r(t),C\tilde{z}^r(t)<0\end{cases} \tag{6.55}$$

即 $$\dot{V} \leqslant \frac{1}{2} \tilde{z}^{r\mathrm{T}}(t)(P\bar{A}+\bar{A}^{\mathrm{T}}P)\tilde{z}^{r}(t)$$

令 $\tilde{Q} \triangleq -\bar{\omega}\bar{\omega}^{\mathrm{T}}-\varepsilon Q$，则 $\dot{V} \leqslant -\lambda_{\min}(\tilde{Q})\|\tilde{z}^{r}(t)\|^{2}$，其中 $\lambda_{\min}(\tilde{Q})$ 是矩阵 $\tilde{Q}$ 的最小特征值。根据 Lyapunov 方程 $V[\tilde{z}^{r}(t),\Delta\tilde{R}_{\_r}]$ 的形式，存在一个正常数 ϑ 满足如下关系：

$$0 \leqslant \vartheta \|\tilde{e}^{r}(t)\| \leqslant V[\tilde{e}^{r}(t)] \tag{6.56}$$

其中增广估计误差 $\tilde{e}^{r}(t)=[\tilde{z}^{r\mathrm{T}}(t)\ \Delta\tilde{R}^{\mathrm{T}}_{\_r}(t)]^{\mathrm{T}}$，则

$$\begin{aligned} 0 \leqslant \vartheta \|\tilde{e}^{r}(t)\| &\leqslant V[\tilde{e}^{r}(t)] = V[\tilde{e}^{r}(t_0)] + \int_{t_0}^{t} V[\tilde{e}^{r}(\tau)]\mathrm{d}\tau \\ &\leqslant V[\tilde{e}^{r}(t_0)] - \int_{t_0}^{t} \lambda_{\min}(\tilde{Q})\|\tilde{z}^{r}(\tau)\|^{2}\mathrm{d}\tau \\ &\leqslant V[\tilde{e}^{r}(t_0)] \end{aligned} \tag{6.57}$$

所以误差动态系统（6.48）一致有界。根据式(6.57）可得

$$\lim_{t\to\infty}\int_{t_0}^{t} \lambda_{\min}(\tilde{Q})\|\tilde{z}^{r}(\tau)\|^{2}\mathrm{d}\tau \leqslant V[\tilde{e}^{r}(t_0)] \tag{6.58}$$

因为 $\tilde{e}^{r}(t)$ 一致有界，因此 $\lambda_{\min}(\tilde{Q})\|\tilde{z}^{r}(\tau)\|^{2}$ 也一致连续。根据 Barbalat 引理，可得

$$\lim_{t\to\infty}\lambda_{\min}(\tilde{Q})\|\tilde{z}^{r}(\tau)\|^{2}=0 \tag{6.59}$$

即 $\lim\limits_{t\to\infty}\|\tilde{z}^{r}(t)\|=0$。

同理，针对可能发生的定子绕组故障 $\Delta R_{\_s}$，设计如下形式的故障隔离观测器

$$\begin{cases} \dot{\hat{z}}^{s}(t)=A\hat{z}^{s}(t)+\zeta_{0}(x,u)+\gamma\rho^{s\mathrm{T}}(t)\Delta\hat{R}_{\_s}+L(\eta-C\hat{z}^{s})+\gamma\hat{\omega}_{s}(t) \\ \Delta\dot{\hat{R}}_{\_s}=\Gamma_{s}\rho^{s}(t)(\eta-C\hat{z}^{s}) \end{cases} \tag{6.60}$$

其中 $\hat{z}^{s}(t)$ 为定子绕组故障 $\Delta R_{\_s}$ 发生时故障隔离观测器的状态；$\Delta\hat{R}_{\_s}$ 为故障 $\Delta R_{\_s}$ 的估计；观测器增益矩阵 L 同式(6.42)；学习率 Γ_{s} 为对称正定矩阵；未知输入可按如下切换律进行估计

$$\hat{\omega}_{s}(t)=\underline{\omega}+(\bar{\omega}-\underline{\omega})\delta\{C[z(t)-\hat{z}^{s}(t)]\} \tag{6.61}$$

$\bar{\omega}$ 和 $\underline{\omega}$ 的定义同式(6.40)，切换函数 δ（·）的定义同式(6.44)。

同理于定理 6.1 的证明可得 $\lim\limits_{t\to\infty}\|\tilde{z}^{s}(t)\|=0$，其中 z^{s}（t）表示定子绕组故障 $\Delta R_{\_s}$ 发生时，故障隔离观测器（6.60）的状态估计误差。

假设 6.8：由于转子绕组和定子绕组在故障模态上的差别，所以 $\psi^{r}(x)$

$\Delta R_{\_r} \neq \psi^{s}(x)\Delta R_{\_s}$，同理 $\rho^{r\mathrm{T}}(t)\Delta R_{\_r} \neq \rho^{s\mathrm{T}}(t)\Delta R_{\_s}$。

故转子绕组故障和定子绕组故障下的系统稳态值不同。根据假设 6.8，进一步可得

$$\lim_{t\to\infty}\tilde{z}^{r}(t) \neq \lim_{t\to\infty}\tilde{z}^{s}(t) \tag{6.62}$$

设计故障隔离残差形式为

$$r^{i}(t)=C\tilde{z}^{i}(t), \forall i\in\{r,s\} \tag{6.63}$$

注释 6.3： 参考本书第 4 章中有关故障隔离的判断机制（如果故障隔离观测器与故障模式匹配，则相应的状态估计误差渐近趋近于 0；反之，如果观测器与故障模式不匹配，则状态估计误差无渐近趋近于 0 的特性），并结合本章的相关内容展开如下分析：假设牵引电机转子绕组发生故障，根据定理 6.1 可得 $\lim\limits_{t\to\infty}\tilde{z}^{r}(t)=0$，同理根据（6.63）中隔离残差的定义可得$\lim\limits_{t\to\infty}r^{r}(t)=0$；根据假设 6.8 和式（6.62）中的结论可得$\lim\limits_{t\to\infty}\tilde{z}^{s}(t)\neq 0$，但是由于系统矩阵 C 的结构，无法保证$\lim\limits_{t\to\infty}r^{s}(t)\neq 0$。所以下文将就这一问题展开进一步研究。

6.2.4 针对所有故障模态的鲁棒观测器设计

根据注释 6.3 中的分析，由于系统矩阵 C 的特殊结构，第 4 章中有关故障隔离的判断机制在本章中并不适用，因此本章提出了一种新的故障隔离方法，主要思路如下：将所有可能的故障模态 $\rho^{i\mathrm{T}}(t)\Delta R_{\_i}, \forall i\in\{r,s\}$ 视为系统中的未知时变输入，并将所有故障模态的信息集成到鲁棒状态观测器的设计中以估计真实系统的状态，并通过一定的隔离判定机制实现定/转子绕组故障的隔离。

等式(6.33) 可以等效为如下的等式

$$\dot{\kappa}_1(t)=A_{N1}\kappa_1(t)+B_{N1}\psi^{i}(x), \forall i\in\{r,s\} \tag{6.64}$$

其中

$$A_{N1}=\begin{bmatrix}-\gamma_1 & 1 & 0 & 0\\ -\gamma_2 & 0 & 1 & 0\\ -\gamma_3 & 0 & 0 & 1\\ -\gamma_4 & 0 & 0 & 0\end{bmatrix}, B_{N1}=\begin{bmatrix}-\gamma_1 & 1 & 0 & 0 & 0\\ -\gamma_2 & 0 & 1 & 0 & 0\\ -\gamma_3 & 0 & 0 & 1 & 0\\ -\gamma_4 & 0 & 0 & 0 & 1\end{bmatrix}$$

通过求解微分方程(6.64)，可得

$$\kappa_1(t)=e^{A_{N1(t-t0)}}\kappa_1(t_0)+\int_{t_0}^{t}{}^{A_{N1}}{}^{(t-\tau)}B_{N1}\psi^{i}(x)\mathrm{d}\tau \tag{6.65}$$

由于 A_{N1} 为 Hurwitz 矩阵，所以一定存在正标量 k_{N1} 和 λ_{N1} 满足如下不等式关系

$$\| e^{A_{N1}(t)} \| \leqslant k_{N1} e^{-\lambda_{N1} t} \tag{6.66}$$

假设 $\kappa_1(t_0)=0$，则根据等式(6.65) 和假设 6.6 可得如下不等式关系

$$\| \kappa_1(t) \| \leqslant \int_{t_0}^{t} k_{N1} e^{-\lambda_{N1}(t-\tau)} \| B_{N1} \| \vartheta(\tau) \mathrm{d}\tau \tag{6.67}$$

同理可得

$$\| \mu_1(t) \| \leqslant \int_{t_0}^{t} k_{N1} e^{-\lambda_{N1}(t-\tau)} \| B_{N1} \| \vartheta(\tau) \mathrm{d}\tau \tag{6.68}$$

则针对所有可能的故障模态存在如下不等式关系

$$\| \rho^{i\mathrm{T}}(t) \Delta R_{\_i} \| \leqslant \| \Delta R_{\_i} \| [\| CA\mu_1(t) \| + \| C\psi^i(x) \|] \leqslant \sigma v(t), \forall i \in \{r,s\} \tag{6.69}$$

其中 $v(t)$ 为一已知的方程，σ 为一未知的常数，且 $v(t)>0$，$\sigma>0$。故方程 $v(t)$ 可以选取为

$$v(t)=\int_{t_0}^{t} k_{N1} e^{-\lambda_{N1}(t-\tau)} \| B_{N1} \| \vartheta(\tau) \mathrm{d}\tau + \| \psi^i(x) \|, \forall i \in \{r,s\} \tag{6.70}$$

根据本节故障隔离的思路，需要将所有故障模态的范数界信息完整地集成到观测器的设计中，故引入如下未知的常数量

$$\varpi=\sigma^2 \tag{6.71}$$

将所有可能的故障模态 $\rho^{i\mathrm{T}}(t)\Delta R_{\_i}$，$\forall i \in \{r, s\}$ 当作系统的未知输入，设计如下形式的鲁棒状态观测器

$$\begin{cases} \dot{\hat{z}}(t)=A\hat{z}(t)+\zeta_0(x,u)+\gamma H[\hat{z}(t),\eta(t),\hat{\varpi}(t)]+L(\eta-C\hat{z})+\gamma\hat{\omega}(t) \\ \hat{\eta}(t)=C\hat{z}(t) \end{cases} \tag{6.72}$$

$\hat{z}(t)$为观测器状态，观测器增益矩阵 L 同式(6.42)。定义状态估计误差 $\tilde{z}(t)=z(t)-\hat{z}(t)$，则

$$\hat{\omega}(t)=\underline{\omega}+(\bar{\omega}-\underline{\omega})\delta[C\tilde{z}(t)] \tag{6.73}$$

$\bar{\omega}$ 和 $\underline{\omega}$ 的定义同式(6.40)，切换函数 $\delta(\cdot)$ 的定义同式(6.44)。

辅助方程 $H[\hat{z}(t), \eta(t), \hat{\varpi}(t)]$ 设计如下

$$H[\hat{z}(t),\eta(t),\hat{\varpi}(t)]=\frac{1}{2}\left[\frac{\hat{\varpi}^2(t)C\tilde{z}(t)}{\| C\tilde{z}(t) \| \hat{\varpi}(t)+l_0(t)}+\frac{\| v(t) \|^4 C\tilde{z}(t)}{\| C\tilde{z}(t) \| \| v(t) \|^2+l_1(t)}\right] \tag{6.74}$$

其中 $l_0(t)\in R^+$ 和 $l_1(t)\in R^+$ 为任意的正一致连续有界函数。函数 $\hat{\varpi}(t)\in R^+$为式(6.71) 中ϖ的估计，并由如下自适应率更新

$$\dot{\hat{\varpi}}(t)=-l_0(t)\hat{\varpi}(t)+\|C\hat{z}(t)\| \tag{6.75}$$

进一步可得如下两个误差动态系统

$$\begin{aligned}\dot{\tilde{z}}(t)=&\bar{A}\tilde{z}(t)+\gamma\rho^{iT}(t)\Delta R_{\_i}-\gamma H[\hat{z}(t),\eta(t),\hat{\varpi}(t)]+\\&\gamma[\omega(t)-\hat{\omega}(t)],\forall i\in\{r,s\}\end{aligned} \tag{6.76}$$

$$\dot{\tilde{\varpi}}(t)=-l_0(t)\tilde{\varpi}(t)+\|C\tilde{z}(t)\|-l_0(t)\hat{\varpi}(t) \tag{6.77}$$

其中$\tilde{\varpi}(t)=\hat{\varpi}(t)-\varpi(t)$。

注释 6.4：由于在鲁棒状态观测器（6.72）的设计过程中考虑了所有可能的故障模态 $\rho^{iT}(t)\Delta R_{_i},\forall i\in\{r,s\}$的信息，因此，无论是定子绕组还是转子绕组发生早期微小故障，观测器（6.72）都能保证 $\hat{z}$（t）对于真实系统状态 z（t）的渐近估计，证明过程详见定理 6.2。

定理 6.2：考虑式(6.37）所示系统，对于任意可能的故障模态 $\rho^{iT}(t)\Delta R_{\_i},\forall i\in\{r,s\}$，鲁棒观测器（6.72）都能保证状态估计误差$\tilde{z}(t)$渐近收敛到 0。

证明：定义如下 Lyapunov 方程

$$V[\tilde{z}(t)\tilde{\varpi}(t)]=\tilde{z}^T(t)P\tilde{z}(t)+\frac{1}{2}\tilde{\varpi}^2(t) \tag{6.78}$$

则$\forall i\in$ $\{r,\ s\}$ $\exists$

$$\begin{aligned}\frac{dV[\tilde{z}(t),\tilde{\varpi}(t)]}{dt}=&\tilde{z}^T(t)[\bar{A}^TP+P\bar{A}]\tilde{z}(t)+2\tilde{z}^T(t)C^T\rho^{iT}(t)\Delta R_{\_i}+\tilde{\varpi}(t)\frac{d\tilde{\varpi}(t)}{dt}\\&-2\tilde{z}^T(t)C^TH[\tilde{z}(t),\eta(t),\tilde{\varpi}(t)]+2\tilde{z}^T(t)C^T[\omega(t)-\bar{\omega}(t)]\end{aligned} \tag{6.79}$$

$$\begin{aligned}\leqslant&\tilde{z}^T(t)[\bar{A}^TP+PA]\tilde{z}(t)+2\tilde{z}^T(t)C^T\rho^{iT}(t)\Delta R_{\_i}+\tilde{\varpi}(t)\frac{d\tilde{\varpi}(t)}{dt}-\\&2\tilde{z}^T(t)C^TH[\hat{z}(t),\eta(t),\tilde{\varpi}(t)]\end{aligned}$$

根据式(6.69）中有关故障模态 $\rho^{iT}(t)\Delta R_{_i},\forall i\in\{r,s\}$的范数界的定义，式（6.79）可按照如下步骤继续放缩

$$\begin{aligned}\frac{dV[\tilde{z}(t),\tilde{\varpi}(t)]}{dt}=&-\tilde{z}^T(t)\tilde{Q}\tilde{z}(t)+2\|C\tilde{z}(t)\|\sigma v(t)+\tilde{\varpi}(t)\frac{d\tilde{\varpi}(t)}{dt}\\&-2\tilde{z}^T(t)C^TH[\hat{z}(t),\eta(t),\tilde{\varpi}(t)]\end{aligned} \tag{6.80}$$

$$\begin{aligned}\leqslant&-\tilde{z}^T(t)\tilde{Q}\tilde{z}(t)+\varpi\|C\tilde{z}(t)\|+\|C\tilde{z}(t)\|\ \|v(t)\|^2+\\&\tilde{\varpi}(t)\frac{d\tilde{\varpi}(t)}{dt}-2\tilde{z}^T(t)C^TH[\hat{z}(t),\eta(t),\hat{\varpi}(t)]\end{aligned}$$

其中 $\widetilde{Q} \triangleq -\bar{\omega}\bar{\omega}^{\mathrm{T}} - \varepsilon Q$，其他参数同定理 6.1。将式(6.74) 和式(6.77) 代入式(6.80)，结合文献 [102] 中的相关内容可得

$$\begin{aligned}\frac{\mathrm{d}V[\tilde{z}(t),\tilde{\varpi}(t)]}{\mathrm{d}t} \leqslant & -\tilde{z}^{\mathrm{T}}(t)\widetilde{Q}\tilde{z}(t)+\hat{\varpi}(t)\|C\tilde{z}(t)\|+\|C\tilde{z}(t)\|\|v(t)\|^{2} \\ & -l_0(t)[\tilde{\varpi}^2(t)+\tilde{\varpi}(t)\varpi]-\frac{\hat{\varpi}^2(t)\|C\tilde{z}(t)\|^2}{\|C\tilde{z}(t)\|\hat{\varpi}(t)+l_0(t)}- \\ & \frac{\|v(t)\|^4\|C\tilde{z}(t)\|^2}{\|C\tilde{z}(t)\|\|v(t)\|^2+l_1(t)} \qquad (6.81) \\ = & -\tilde{z}^{\mathrm{T}}(t)\widetilde{Q}\tilde{z}(t)-l_0(t)[\tilde{\varpi}^2(t)+\tilde{\varpi}(t)\varpi] \\ & +\frac{\hat{\varpi}(t)\|C\tilde{z}(t)\|l_0(t)}{\|C\tilde{z}(t)\|\hat{\varpi}(t)+l_0(t)}+ \\ & \frac{\|v(t)\|^2\|C\tilde{z}(t)\|l_1(t)}{\|C\tilde{z}(t)\|\|v(t)\|^2+l_1(t)}\end{aligned}$$

式(6.81)中 $0\leqslant\frac{\hat{\varpi}(t)\|C\tilde{z}(t)\|l_0(t)}{\|C\tilde{z}(t)\|\hat{\varpi}(t)+l_0(t)}\leqslant l_0(t)$，$0\leqslant\frac{\|v(t)\|^2\|C\tilde{z}(t)\|l_1(t)}{\|C\tilde{z}(t)\|\|v(t)\|^2+l_1(t)}\leqslant l_1(t)$，则

$$\begin{aligned}\frac{\mathrm{d}V[\tilde{z}(t),\tilde{\varpi}(t)]}{\mathrm{d}t} \leqslant & -\tilde{z}^{\mathrm{T}}(t)\widetilde{Q}\tilde{z}(t)-l_0(t)[\tilde{\varpi}^2(t)+\tilde{\varpi}(t)\varpi]+l_0(t)+l_1(t) \\ & \qquad (6.82) \\ \leqslant & -\tilde{z}^{\mathrm{T}}(t)\widetilde{Q}\tilde{z}(t)+l_1(t)+l_0(t)[1+\varpi^2]\end{aligned}$$

令 $\Theta=1+\varpi^2$，则

$$\frac{\mathrm{d}V[\tilde{z}(t),\tilde{\varpi}(t)]}{\mathrm{d}t}\leqslant-\lambda_{\min}(\widetilde{Q})\|\tilde{z}(t)\|^2+\Theta[l_0(t)+l_1(t)] \qquad (6.83)$$

根据 Lyapunov 方程 $V[\tilde{z}(t),\tilde{\varpi}(t)]$ 的形式，存在一个正常数 ϑ 满足如下关系：

$$0\leqslant\vartheta\|\tilde{e}(t)\|\leqslant V[\tilde{e}(t)] \qquad (6.84)$$

其中增广估计误差 $\tilde{e}(t)=[\tilde{z}^T(t)\tilde{\varpi}^T(t)]^T$，则

$$\begin{aligned}0\leqslant\vartheta\|\tilde{e}(t)\| & \leqslant V[\tilde{e}(t)]=V[\tilde{e}(t_0)]+\int_{t_0}^{t}V[\tilde{e}(\tau)]\mathrm{d}\tau \\ & \leqslant V[\tilde{e}(t_0)]-\int_{t_0}^{t}\lambda_{\min}(\widetilde{Q})\|\tilde{z}(\tau)\|^3\mathrm{d}\tau+\int_{t_0}^{t}\Theta[l_0(\tau)+l_1(\tau)]\mathrm{d}\tau \qquad (6.85) \\ & \leqslant V[\tilde{e}(t_0)]+\Theta(\bar{l}_0+\bar{l}_1)\end{aligned}$$

式(6.85) 中正常数 $\bar{l}_0$ 和 $\bar{l}_1$ 分别为函数 $l_0(t)\in R^+$ 和 $l_1(t)\in R^+$ 的上界，其关系可以表述如下

$$\int_{t_0}^{\infty} l_0(\tau)\mathrm{d}\tau \leqslant \bar{l}_0 \leqslant \infty, \int_{t_0}^{\infty} l_1(\tau)\mathrm{d}\tau \leqslant \bar{l}_1 \leqslant \infty \tag{6.86}$$

所以误差动态系统（6.76）和系统（6.77）一致有界。根据式(6.86) 可得

$$\lim_{t\to\infty}\int_{t_0}^{\infty}\lambda_{\min}(\widetilde{Q})\parallel \widetilde{z}(\tau)\parallel^2\mathrm{d}\tau \leqslant V[\widetilde{e}(t_0)]+\Theta(\bar{l}_0+\bar{l}_1) \tag{6.87}$$

因为 $\widetilde{e}(t)$ 一致有界，$\Theta(l_0+\bar{l}_1)$ 为常数，因此 $\lim\limits_{t\to\infty}\lambda_{\min}(\widetilde{Q})\parallel \widetilde{z}(\tau)\parallel^2$ 也一致连续。根据 Barbalat 引理

$$\lim_{t\to\infty}\lambda_{\min}(\widetilde{Q})\parallel \widetilde{z}(\tau)\parallel^2=0 \tag{6.88}$$

即 $\lim\limits_{t\to\infty}\parallel \widetilde{z}(t)\parallel=0$。

6.2.5 故障检测/隔离设计

针对可能的定/转子绕组故障，构造如下形式的故障检测/隔离残差

$$e_i(t)=\hat{z}(t)-\hat{z}^i(t), \forall i\in\{r,s\} \tag{6.89}$$

其中 $\hat{z}(t)$ 为鲁棒观测器（6.72）的状态变量；$\hat{z}^i(t), \forall i\in\{r,s\}$ 为故障隔离观测器（6.46）或（6.60）的状态。在设计故障检测和故障隔离机制之前，以牵引电机发生转子绕组故障为例给出如下的注释说明。

注释 6.5：假设转子绕组发生故障，则状态估计 $\hat{z}(t)$ 和 $\hat{z}^r(t)$ 将渐进收敛到系统(6.37) 的真实状态 $z(t)$，所构造的残差向量 $e_r(t)$ 中的每一个元素都将渐进趋近于 0；根据式(6.62)，在转子绕组发生故障的情况下，$\hat{z}^s(t)$ 并不能实现对真实状态 $z(t)$ 的渐进跟踪，故残差向量 $e_s(t)$ 中至少有一个元素不渐进趋近于 0。

根据注释 6.5 的论述，$e_i(t), \forall i\in\{r,s\}$ 可同时应用于绕组故障的检测和隔离。同时为了消除切换律所带来的“抖振”现象，结合文献［103］中的相关理论，设计如下新的残差用于定/转子绕组故障的检测和隔离

$$J_i^n(t)= w_1\parallel e_i^n(t)\parallel^2+w_2\int_{t_0}^{t}e^{-\mu(t-\tau)}\parallel e_i^n(\tau)\parallel^2\mathrm{d}\tau, \forall i\in\{r,s\}, n=1,2,\cdots,5 \tag{6.90}$$

其中 $e_i^n(t)$ 为残差向量 $e_i(t)$ 中的第 n 个元素；权重参数 $w_1>0$，$w_2>0$；遗忘因子 $\mu>0$。

转子绕组故障隔离机制：如果存在一个充分小的正标量 λ_I，对所有指数 $n\in\{1,2,\cdots,5\}$ 都满足

$$J_r^n(T_I)\leqslant\lambda_I \tag{6.91}$$

同时，至少存在一个指数 $n\in\{1,2,\cdots,5\}$ 满足

$$J_s^n(T_I)>\lambda_I \tag{6.92}$$

则转子绕组故障可在 $t=T_I$ 时刻被隔离。

定子绕组故障隔离机制：如果存在一个充分小的正标量 λ_I，对所有指数 $n\in\{1,2,\cdots,5\}$ 都满足

$$J_s^n(T_I)\leqslant\lambda_I \tag{6.93}$$

同时，至少存在一个指数 $n\in\{1,2,\cdots,5\}$ 满足

$$J_r^n(T_I)>\lambda_I \tag{6.94}$$

则定子绕组故障可在 $t=T_I$ 时刻被隔离。

6.3 仿真分析

根据本章中有关绕组故障的分析，绝缘层击穿是造成定子绕组故障的最主要原因，本节将模拟定子绕组的匝间短路故障，并结合 6.2 节的理论，展开基于定子绕组故障的检测和隔离仿真分析。大量工程经验表明，定子绕组绝缘层的损坏是一个缓慢渐变的过程，初期只是局部小范围的绝缘层被击穿，然后逐渐扩散为大范围的绝缘层损毁，继而导致整相的匝间短路。

① 定子绕组故障参数设置。定子线圈每一相中串联导体数 $N=192$[1]，假设 c 相发生匝间短路故障且短路绕组匝数为 $N_i=10$，故障演变速率 $\alpha_s=0.1$，故障发生时刻 $T_0=0.8\mathrm{s}$。即在 0.8s 时定子绕组 c 相有约 5% 的绕组线圈发生匝间短路故障，此参数设置可用于表征典型的由于局部绝缘层击穿所造成的早期定子绕组微小故障。牵引电机其他物理参数详见表 3.1。

根据图 6.5 和图 6.6，不难发现定子绕组绝缘层局部损坏所引起的早期匝间短路故障，对于转子转速和电磁转矩的影响都极其有限，但是由于此类型故障引起了定子绕组结构的不对称，所以会产生高次谐波。但就整体来看，这一类型的定子绕组微小故障不会引起整个牵引电机动态的剧烈变化，因而也较难被察觉和感知，进而给故障的检测和隔离带来困难。

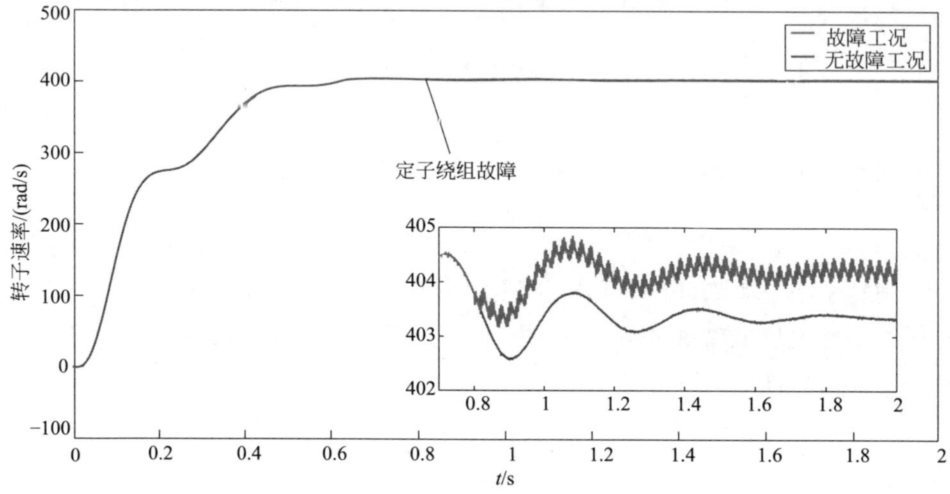

图 6.5　定子绕组故障前后转子转速变化

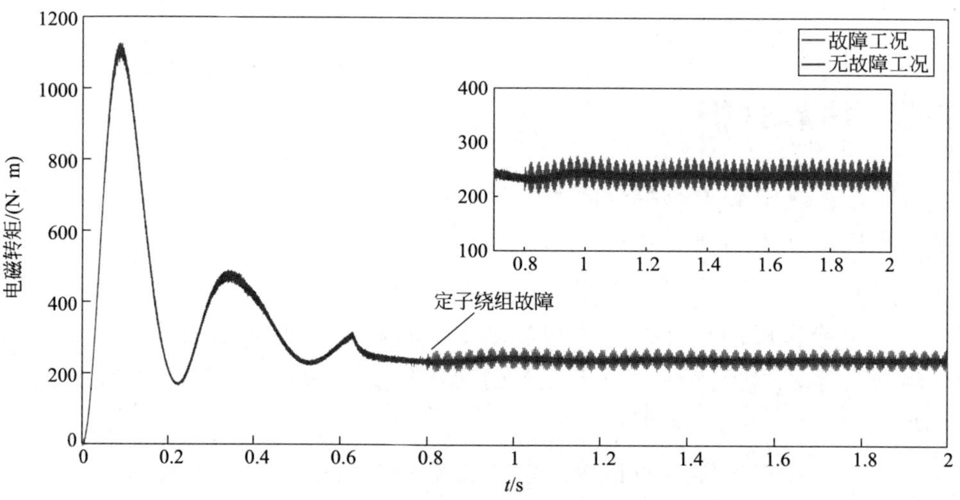

图 6.6　定子绕组故障前后电磁转矩变化

图 6.7 表明早期匝间短路故障会导致定子回路故障相电流幅值增大，同时因为定子结构的不对称产生高次谐波。故障相电流的增大同时会使得定子回路的工作温度升高，加速了定子绕组的老化速度，最终从局部绝缘层的故障演变为整相绕组的故障。因此，针对此种类型的定子绕组早期微小故障，需要在其进一步恶化之前完成故障的检测和隔离。

② 观测器参数设置。式(6.36) 中向量 γ 选取为 $\gamma=[1\ 1\ 2\ 2\ 1]^{\mathrm{T}}$；假设 6.6 中函数 $\vartheta(t)$ 选取为 $\vartheta(t)=1, t\in[0,2]$；式(6.36) 中函数 $v(t)$ 选取为 v

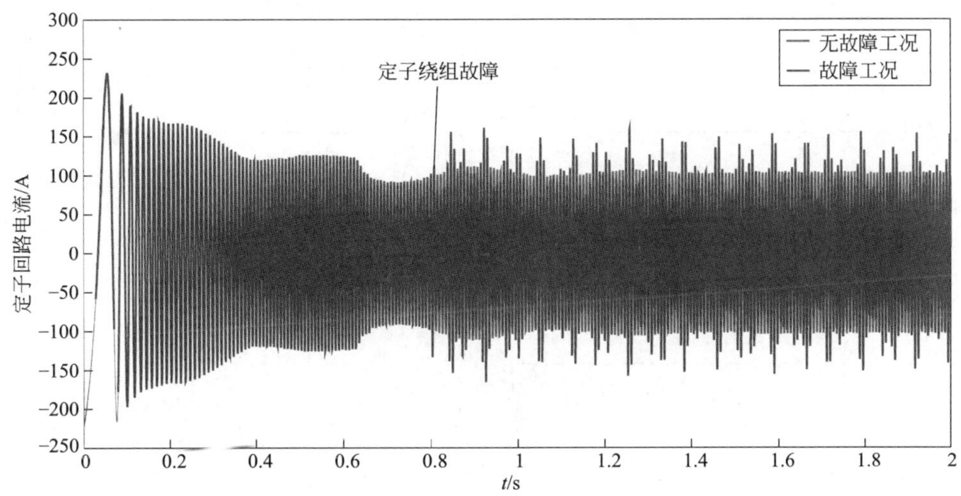

图 6.7 定子绕组故障前后定子回路 c 相电流变化

$(t)=10, t\in[0,2]$；故障检测观测器（6.42）中 $\lambda=2.6$，$\bar{\omega}=0.8$，$\underline{\omega}=-0.8$；故障隔离观测器（6.46）和（6.60）中学习率 $\Gamma_r=\Gamma_s=12.5$；鲁棒观测器（6.72）中 $\lambda_{N1}=0.45$，$k_{N1}=0.85$；鲁棒观测器辅助方程 $H[\hat{z}(t),\eta(t),\hat{\upsilon}(t)]$ 的设计中 $l_0(t)=e^{-0.5t}$，$l_1(t)=e^{-t}$。

③ 残差量参数设置。权重参数 $w_1=w_2=0.5$；遗忘因子 $\mu=0.01$；隔离阈值 $\lambda_I=0.2$。

图 6.8 和图 6.9 为式（6.90）中所设计的故障隔离残差，根据式(6.91)～式(6.94) 所示的绕组故障隔离机制，在 $T_I=1.8$s 左右定子绕组早期微小故

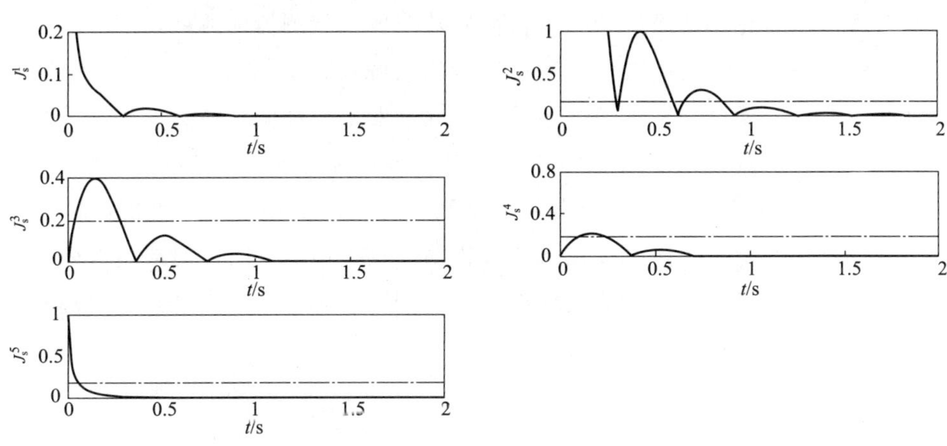

图 6.8 转子绕组故障隔离观测器残差（$\lambda_I=0.2$）

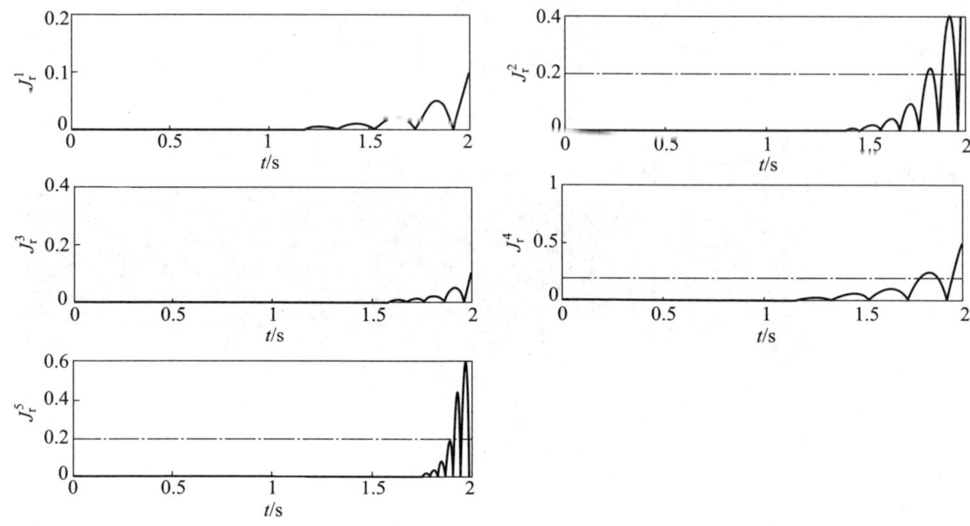

图 6.9　定子绕组故障隔离观测器残差（$\lambda_I=0.2$）

障可以被隔离，同时完成故障检测工作。

6.4　小结

本章针对动车组列车所配备的三相笼式异步电机构建了 $d-q$ 坐标系状态空间方程（包括负载扰动），对可能的转子绕组和定子绕组早期故障进行了数学建模和演变趋势分析，并将绕组早期故障的数学描述加入到牵引电机 $d-q$ 坐标系状态空间方程中，构造了一个能够完整描述绕组故障动态的单输出非线性系统。基于此单输出系统的特殊结构，本书第 4 章中有关故障隔离的判定机制不再适用，因此本章设计了一个新颖的基于鲁棒观测器的故障诊断方案。在鲁棒观测器的设计过程中考虑了所有可能的故障模态 $\rho^{i\mathrm{T}}(t)\Delta R_{\_i}$，$\forall i\in\{r,s\}$ 的信息，因此，无论是定子绕组还是转子绕组发生早期微小故障，所设计观测器都能保证对于真实系统状态的渐进估计。同时基于此观测器的特性，针对定/转子绕组故障设计了故障隔离判定机制，可同时实现绕组早期故障的检测和隔离。仿真实验表明该设计在对负载扰动影响鲁棒的同时，对绕组故障也十分敏感，实现了定子绕组小范围绝缘击穿（5％绝缘层击穿）故障下的检测和定位。

第7章 总结与展望

7.1 本书的主要工作

本书针对CRH动车组列车牵引控制系统中可能出现的早期微小故障展开检测和诊断（故障的定位和重构）的理论研究。主要解决如下几个问题：①如何在故障特征微弱的情况下，增强残差内的故障信息，并有效抑制系统扰动对于早期微小故障检测的影响；②针对闭环控制对早期微小故障有补偿作用提出有效的解决方案；③如何解决多故障并发下的早期微小故障检测和诊断。所提理论运用于动车组列车悬挂控制系统、电机牵引控制系统以及逆变器控制系统中，均取得了较好的仿真应用，从而给动车组的工程实际应用提供可借鉴的理论研究成果。本书的具体研究工作和创新包括以下五个方面。

（1）系统地论述了线性系统基于ToMFIR残差的故障检测机理，主要包括线性定常系统的ToMFIR残差理论、鲁棒ToMFIR残差理论、ToMFIR残差的近似计算理论、观测器残差修正理论等，并从理论方法层面论述了基于观测器残差的方法为何不能直接用于早期微小故障的检测。为了获得更加一般的早期故障检测架构，故障的表述形式包括加性、乘性以及多故障共发等，并在动车组悬挂控制系统主动式作动器小幅度作动效能丧失的早期微小故障检测中获得了较好的仿真效果。

（2）针对T-S模糊系统中早期故障的检测和诊断问题，就ToMFIR残差理论在T-S模糊系统中的应用展开相应后续研究。首先是非线性系统的T-S模糊建模，再基于T-S模糊ToMFIR残差设计故障检测方案，进一步结合滑模观测器和基于ToMFIR残差的隔离阈值实现微小故障的隔离，最后基于自适应观测器估计出执行器的效能损失比例。不仅消除了基于ToMFIR残差的故障检测对于系统结构的约束并且给出了形式更为一般的基于 ToMFIR 残差的故障诊断架构，可以作为针对非线性系统早期微小故障诊断的前期研究。

(3) 将基于 ToMFIR 残差的故障诊断向形式更为一般的非线性系统进行拓宽。针对具有不确定性的非线性系统，同时考虑到传感器早期故障往往呈现并发的特性，给出了复合传感器故障的检测和定位方案。这样在解决实际系统（多为非线性系统）的早期故障诊断问题时，无需依赖繁琐的线性化手段，并且可以直接使用非线性系统的观测器设计方法。

(4) 基于广义系统可以用来描述许多大型的复杂系统，并在电力系统、机电系统中有着广泛的应用，因此针对广义系统开展执行器/传感器早期微小故障重构的研究。通过参数化执行器和传感器的故障项，构造增广的广义系统模型，接着通过广义估计器的设计解耦系统中的扰动输入和输出测量噪声，为了获得最佳的故障重构效果，基于状态估计误差的数学描述提出了一个线性矩阵不等式优化问题，保证了在既定约束条件下的最优估计性能。以 CRH2 型动车组列车的三项逆变器控制系统为仿真模型，实现了系统的状态、执行器/传感器早期微小故障以及输出测量噪声的估计。

(5) 针对牵引系统的本体故障（即牵引部件的本身故障），展开牵引电机早期本体故障的检测和诊断研究。首先对三相笼式异步电机定/转子绕组的早期故障进行数学建模和特性分析，构建了牵引电机 d-q 坐标系状态空间方程（包括可能的绕组故障和负载扰动），并针对此单输出系统提出了基于鲁棒观测器的故障检测和隔离方案，实现了定子绕组小范围绝缘击穿（5%绝缘层击穿）故障下的检测和定位。

7.2 后续工作的展望

本书针对动车组列车牵引控制系统可能的早期微小故障展开了检测、诊断和预测研究，立足于各个章节中所提出的方法，目前还有如下四点值得改进或可以此为切入点继续深入。

(1) 关于微小故障至今仍缺乏一个确切的定量化的描述，即所发故障对于一个既定的系统来说处于一个什么量级以内可以称作微小故障。很多参考文献包括本书的研究中，对于微小故障的描述都是从其演变速率上进行刻画的，对其幅值并没有相关的约束。所以在今后的研究工作中，可以提出一个故障严重度的衡量指标（这个指标用于定量刻画故障信息与系统额定工况状态、系统扰动等变量之间的关系）用于评价故障的等级是否为“微小”。

（2）在实际系统中，微小故障往往还会呈现间歇发生的情况，并且间歇的特性很容易与系统中的随机扰动信号混淆，再加上故障本身幅值较小，所以如何还原间歇微小故障的本征并加以检测和诊断将会是一个新的挑战，同时具有很强的工程实用意义。

（3）为了使所提出的早期故障检测和诊断算法具有更好的普适性，需要关注形式表述更为一般的系统（例如非线性系统中的非线性项不满足 Lipschitz 约束条件），同时还需要关注系统中离散、时滞等系统特性，尤其当系统中含有不同类型且时滞特性时变时，会使故障特征的提取更加困难。

（4）当微小故障呈现复合、并发特性时，如何准确获得故障特征与故障模式间的关系，并且理清复合故障和单一故障间的差异和联系，在故障对系统影响相似的情况下，寻求有效的判定机制准确决策故障是单源还是多源的组合和叠加。

参考文献

[1] 杨中平．高速铁路技术概论．北京：清华大学出版社，2015.

[2] 李娟，周东华，司小胜，等．微小故障诊断方法综述．控制理论与应用，2012，29（12）：1517-1529.

[3] 韩晓娟，杨锡运，刘东明，等．基于键合图理论的故障诊断方法及在锅炉给水泵上的应用．中国电机工程学报，2007，27（23）：75-79.

[4] M. G. M. Madden and P. J. Nolan. Monitoring and diagnosis of multiple incipient faults using fault tree induction. IEEE Proceedings：Control Theory and Applications，1999，146（2）：204-212.

[5] S. Y. Chang，C. R. Lin and C. T. Chang. A fuzzy diagnosis approach using dynamic fault trees. Chemical Engineering Science，2002，57（15）：2971-2985.

[6] H. Vedam and V. Venkatasubramanian. PCA-SDG based process monitoring and fault diagnosis. Control Engineering Practice，1999，7（7）：903-917.

[7] M. R. Maurya，R. Rengaswamy and V. Venkatasubramanian. A signed directed graph and qualitative trend analysis-based framework for incipient fault diagnosis. Chemical Engineering Research and Design，2007，85（A10）：1407-1422.

[8] W. Chen and F. N. Chowdhury. A synthesized design of sliding mode and Luenberger observers for early detection of incipient faults. International Journal of Adaptive Control and Signal Processing，2010，24（12）：1021-1035.

[9] 何静，张昌凡．基于滑模观测器的缓变故障鲁棒诊断方法研究．第八届智能控制与自动化世界大会，2010：5587-5591.

[10] W. Chen and F. N. Chowdhury. Analysis and detection of incipient faults in post-fault systems subject to adaptive fault tolerant control. International Journal of Adaptive Control and Signal Processing，2008，22（9）：815-832.

[11] 董选明，谭明，裘丽华，等．基于干扰补偿和自适应阈值的鲁棒故障检测．控制理论与应用，2000，17（2）：235-239.

[12] C. Venkateswarlu，K. Gangiah and M. B. Rao. Two-level methods for incipient fault-diagnosis in nonlinear chemical processes. Computers & Chemical Engineering，1992，16（5）：463-476.

[13] 于洋，李娟，李胜多．单输入双线性系统的微小故障的诊断．第31届中国控制会议论文集，2012：5363-5367.

[14] Y. Q. Wang，D. H. Zhou and F. R. Gao. Robust fault-tolerant control of a class of non-minimum phase nonlinear process. Journal of Process Control，2007，17（6）：523-537.

[15] J. S. Zhao，J. C. Huang and W. Sun. On-line early fault detection and diagnosis of municipal solid waste incinerators. Waste Management，2008，28（11）：2406-2414.

[16] 葛志强，杨春节，宋执环．基于MEWMA-PCA的微小故障检测方法研究及其应用．信息与控制，2007，36（5）：650-656.

[17] 文成林，胡静，王天真，等．相对主元分析及其在数据压缩和故障诊断中的应用．自动化学报，2008，34（9）：1128-1139.

[18] F. N. Zhou, T. H. Tang and C. L. Wen. DCA based multi-level small fault diagnosis. Proceedings of the 11th IEEE International Conference on Communication Technology, Hangzhou, China, 2008: 486-489.

[19] J. Harmouche, C. Delpha and D. Diallo. Incipient fault detection and diagnosis based on Kullback-Leibler divergence using principal component analysis: PartⅠ. Signal Processing, 2014, 94: 278-287.

[20] J. Harmouche, C. Delpha and D. Diallo. Incipient fault detection and diagnosis based on Kullback-Leibler divergence using principal component analysis: Part Ⅱ. Signal Processing, 2015, 109: 334-344.

[21] Z. Q. Ge and Z. H. Song. Process monitoring based on independent component analysis-pricipal component analysis (ICA-PCA) and similarity factors. Industrial and Engineering Chemistry Research, 2007, 46 (7): 2054-2063.

[22] X. H. Tian, J. Lin, K. R. Fyfe, et al. Gearbox fault diagnosis using independent component analysis in the frequency domain and wavelet filtering. Proceedings of the 2003 IEEE International Conference on Acoustics, Speech, and Signal Processing, Hong Kong, China, 2003: 245-248.

[23] Z. Q. Ge, L. Xie, U. Kruger, et al. Local ICA for multivariable statistical fault diagnosis in systems with unknown signal and error disturbances. AIChE Journal, 2012, 58 (8): 2357-2072.

[24] Y. Guo, X. Wu, J. Na, et al. Incipient faults identification in gearbox by combining Kurtogram and independent component analysis. Applied Mechanics and Materials, 2015, 764-765: 309-313.

[25] J. Harmouche, C. Delpha and D. Diallo. Incipient fault amplitude estimation using KL divergence with a probabilistic approach. Signal Processing, 2016, 120: 1-7.

[26] B. Li, P. L. Zhang, D. S. Liu, et al. Feaure extraction for rolling element bearing fault diagnosis utilizing generalized S transform and two-dimensional nonnegative matrix factorization. Journal of Sound and Vibration, 2011, 330 (10): 2388-2399.

[27] F. Y. Cong, J. Chen, G. M. Dong, et al. Short-time matrix series based singular value decomposition for rolling bearing fault diagnosis. Mechaniacal Systems and Signal Processing, 2013, 34 (1-2): 218-230.

[28] M. H. Wang and H. H. Tsai. Fuel cell fault forecasting system using grey and extension theories. IET Renewable Power Generation, 2012, 6 (6): 373-380.

[29] V. Sugumaran, A. V. Rao and K. I. Ramachandran. A comprehensive study of fault diagnostics of roller bearings using continuous wavelet transform. International Journal of Manufacturing Systems and Design, 2015, 1 (1): 27-46.

[30] S. L. Xie, Y. H. Zhang, Q. Xie, et al. Identification of high frequency loads using statistical energy analysis method. Mechanical Systems and Signal Processing, 2013, 35 (1-2): 291-306.

[31] Y. G. Lei, J. Lin, Z. J. He, et al. A review on empirical mode decomposition in fault diagnosis of rotating machinery. Mechanical Systems and Signal Processing, 2013, 35 (1-2): 108-126.

[32] B. Li, P. L. Zhang, Z. J. Wang, et al. A weighted multi-scale morphological gradient filter for rolling element bearing fault detection. ISA Transactions, 2011, 50 (4): 599-608.

[33] D. Bhalla, R. K. Bansal and H. O. Gupta. Function analysis based rule extraction from artificial neural net-

works for transformer incipient fault diagnosis. International Journal of Electrical Power and Energy Systems, 2012, 43 (1): 1196-1203.

[34] Z. Y. Zhang, Y. Wang and K. S. Wang. Fault diagnosis and prognosis using wavelet packet decomposition, Fourier transform and artificial neural network. Journal of Intelligent Manufacturing, 2013, 24 (6): 1213-1227.

[35] C. H. Wei, W. H. Tang and Q. H. Wu. A hybrid least-square support vector machine approach to incipient fault detection for oil-immersed power transformer. Electric Power Components and Systems, 2014, 42 (5): 453-463.

[36] B. S. Yang, M. S. Oh and A. C. C. Tan. Fault diagnosis of induction motor based on decision trees and adaptive neuro-fuzzy inference. Expert Systems with Applications, 2009, 36 (2): 1840-1849.

[37] K. L. Butler. An expert system based framework for an incipient failure detection and predictive maintenance system. Intelligent Systems Applications to Power Systems, Orlando, FL, 1996: 321-326.

[38] J. H. Zhou, M. Q. Hu and G. Q. Tang. Hologamous integrating strategies for incipient fault diagnosis of transfor. Journal of Southeast University (English Edition), 2004, 20 (4): 503-507.

[39] B. Nemeth, S. Laboncz, I. Kiss, et al. Transformer condition analyzing expert system using fuzzy neural system. Conference Proceedings of IEEE International Symposium on Electrical Insulation, San Diego, CA, USA, 2010: 1-5.

[40] A. E. Ashari, R. Nikoukhahb and S. L. Campbell. Effects of feedback on active fault detection. Automatica, 2012, 48 (5): 866-872.

[41] X. J. Li and G. H. Yang. Adaptive fault detection and isolation approach for actuator stuck faults in closed-loop systems. International Journal of Control, Automation, and Systems, 2012, 10 (4): 830-834.

[42] J. Wei, Z. Cen and R. Jian. Sensor fault-tolerant observer applied in satellite attitude control. Journal of Systems Engineering and Electronics, 2012, 23 (1): 99-107.

[43] J. Dong and M. Verhaegen. Identification of fault estimation filter from I/O data for systems with stable inversion. IEEE Transactions on Automatic Control, 2012, 57 (6): 1347-1361.

[44] D. H. Zhou and P. M. Frank. Fault diagnostics and fault tolerant control. IEEE Transactions on Aerospace and Electronic Systems, 1998, 34 (2): 420-427.

[45] S. J. Yoo. Actuator fault detection and adaptive accommodation control of flexible-joint robots. IET Control Theory and Applications, 2012, 6 (10): 1497-1507.

[46] M. L. Corradini, A. Cristofaro, R. Giambo, et al. Design of robust fault detection filters for MIMO uncertain plants with quantised information. International Journal of Control, 2012, 85 (3): 239-250.

[47] L. Marton and D. Ossmann. Energetic approach for control surface disconnection fault detection in hydraulic aircraft actuators. Proceedings of the 2012 IFAC Symposium on Fault Detection, Supervision and Safety of Technical Processes, Mexico City, 2012: 1149-1154.

[48] S. Cheng, P. Zhang and T. G. Habetler. An impedance identification approach to sensitive detection

and location of stator turn-to-turn faults in a closed-loop multiple-motor drive. IEEE Transactions on Industrial Electronics, 2011, 58 (5): 1545-1554.

[49] E. Tian and D. Yue. Reliable H_{∞} filter design for T-S fuzzy model-based metworked control systems with random sensor fauilure. International Journal of Robust and Nonlinear Control, 2013, 23 (1): 15-32.

[50] Y. Zhang and S. J. Qin. Adaptive actuator fault compensation for linear systems with matching and unmatching uncertainties. Journal of Process Control, 2009, 19 (6): 985-990.

[51] 张可，周东华，柴毅．复合故障诊断技术综述．控制理论与应用，2015，32 (9)：1143-1157.

[52] A. Piacentino and M. Talamo. Innovative thermoeconomic diagnosis of multiple faults in air conditioning units: Methodological improvements and increased reliability of results. International Journal Refrigeration, 2013, 36 (8): 2343-2365.

[53] Z. Zhang, C. Wu and B. Zhang. SDG multiple fault diagnosis by real-time inverse inference. Reliability Engineering and System Safety, 2005, 87 (2): 173-189.

[54] C. Nizar, O. B. Belkacem and G. Anne. Signed bond graph for multiple fault diagnosis. Engineering Applications of Artificial Intelligence, 2014, 36 (11): 134-147.

[55] J. Yin and L. Mei. Fault diagnosis of excavator hydraulic system based on expert system. Advances in Automation and Robotics. Vol. 1. Berlin: Springer, 2012: 87-92.

[56] K. Li, X. Gao and W. Yang. Multiple fault diagnosis of down-hole conditions of sucker-rod pumping wells based on Freeman chain code and DCA. Petroleum Science, 2013, 10 (3): 347-360.

[57] D. A. D. Santos and T. Yoneyama. A Bayesian solution to the multiple compostite hypothesis testing for fault diagnosis in dynamic systems. Automatica, 2011, 47 (1): 158-163.

[58] N. Mishra, C. A. Kumar, M. K. Tiwari, et al. Robust strategy based probabilistic causal model approach for the multiple fault diagnosis. Robotics and Computer-Integrated Manufacturing, 2010, 26 (4): 325-332.

[59] M. C. Pan and W. C. Tsao. Using appropriate IMFs for envelope analysis in multiple fault diagnosis of ball bearings. International Journal of Mechanical Sciences, 2013, 69 (4): 114-124.

[60] 周小勇，叶银忠．基于 Mallat 塔式算法小波变化的多故障诊断方法．控制与决策，2004，19 (5)：592-594.

[61] D. Wang, Q. Miao, X. Fan, et al. Rolling element bearing fault detection using an improved combination of Hilbert and wavelet transforms. Journal of Mechanical Science and Technology, 2009, 23 (12): 3292-3301.

[62] B. Zhou, C. Chen, Y. Gou, et al. Application of the stress waves to extract multi-fault features of the low-speed machinery based on blind source separation. Advanced Intelligent Computing Theories and Applications with Aspects of Contemporary Intelligent Computing Techniques. Heidelberg, Berlin: Springer, 2007: 579-587.

[63] P. Arpaia, C. Manna and G. Montenero. Ant-search strategy based on likelihood trail intensity modification for multiple fault diagnosis in sensor networks. IEEE Sensor Journal, 2013, 13 (1): 148-158.

[64] 戴舜华．CRH2 型系列动车组牵引变流器介绍及故障分析．铁道机车车辆，2013，33

(2)：93-97.

[65] 宗刚，张超，王华胜．基于复杂网络理论的高速列车牵引系统部件可靠性研究．中国铁道科学，2014，35（1）：94-97.

[66] 刘诗佳．动车组牵引系统故障统计分析．铁道机车车辆，2013，33（5）：80-85.

[67] 刘松柏．SS8 电力机车主变流器故障智能诊断系统的研究[博士学位论文]．长沙：中南大学，2003.

[68] 钟燕科．基于 SVM 的机车主变流器故障诊断[博士学位论文]．长沙：中南大学，2009.

[69] 李玉超，田永洙，高沁翔．基于 BP 神经网络的 200km/h 牵引变流器故障诊断技术的研究．铁道机车车辆，2007，27（2）：4-7.

[70] C. Boccaletti，C. Bruzzese，O. Honorati，et al. Rotor bars breakage in railway traction squirrel cage induction motors and diagnosis by MCSA technique Part Ⅱ：Theoretical arrangements for fault-related current sidebands. 5th IEEE International Symposium on Diagnostics for Electric Machines，Power Electronics and Drives，Vienna，Austria，2005：1-6.

[71] 王艳．机车牵引电动机动态实时分析及故障检测．机车电传动，2004，5：50-53.

[72] M. A. Demetriou and M. M. Polycarpou. Incipient fault diagnosis of dynamical systems using online approximators. IEEE Transactions on Automatic Control，1998，43（11）：1612-1617.

[73] W. Chen，C. P. Yeh，and H. Yang. ToMFIR-based fault detection approach in frequency domain. Journal of Systems Engineering and Electronics，2011，22（1）：33-37.

[74] X. K. Wei，L. M. Jia and H. Liu. A comparative study on fault detection methods of rail vehicle suspension systems based on acceleration measurements. Vehicle System Dynamics，2013，51（5）：700-720.

[75] Y. C. Lin，C. L. Lin and N. C. Shieh. A hybrid evolutionary approach for robust active suspension design of light rail vehicles. IEEE Transactions on Control Systems Technology，2006，14（4）：695-706.

[76] J. Zhang，A. K. Swain and S. K. Nguang. Detection and isolation of incipient sensor faults for a class of uncertain non-linear systems. IET Control Theory and Applications，2012，6（12）：1870-1880.

[77] R. Nikoukhah，S. L. Campbell and K. Drake. An active approach for detection of incipient faults. International Journal of Systems Science，2010，41（2）：241-257.

[78] Y. Song，Q. Song and W. Cai. Fault-tolerant adaptive control of high-speed trains under traction/braking failures：a virtual parameter-based approach. IEEE Transactions on Intelligent Transportation Systems，2014，15（2）：737-748.

[79] Z. W. Gao，X. Y. Shi and S. Ding. Fuzzy state/disturbance observer design for T-S fuzzy systems with application to sensor fault estimation. IEEE Transactions on Systems，Man and Cybernetics，part：B，Cybernetics，2008，38（3）：875-880.

[80] K. Zhou and P. Khargonekar. An algebraic Riccati equation approach to H_∞ optimization. Systems & Control Letters，1988，11（2）：85-91.

[81] J. Chiasson. A new approach to dynamic feedback linearization control of an induction motor. IEEE Transactions on Automatic Control，1998，43（3）：391-397.

[82] J. Z. Xiao, H. R. Wang, X. C. Yang, et al. Multiple faults diagnosis in motion system based on SVM. International Journal of Machine Learning and Cybernetics, 2012, 3 (1): 77-82.

[83] N. Chatti, B. Ould-Bouamama, A. L. Gehin, et al. Signed bond graph for multiple faults diagnosis. Engineering Applications of Artificial Intelligence, 2014, 36: 134-147.

[84] M. Kang and J. M. Kim. Reliable fault diagnosis of multiple induction motor defects using a 2-D representation of Shannon wavelets. IEEE Transactions on Magnetics, 2014, 50 (10): 1-13.

[85] M. El-Koujok, M. Benammar, N. Meskin, et al. Multiple sensor fault diagnosis by evolving data-driven approach. Information Sciences, 2014, 259: 346-358.

[86] P. Arpaia, C. Manna and G. Montenero. Ant-search strategy based on likelihood trail intensity modification for multiple-fault diagnosis in sensor networks. IEEE Sensor Journal, 2013, 13 (1): 148-158.

[87] H. Alwi, C. Edwards and C. P. Tan. Sliding mode estimation schemes for incipient sensor faults. Automatica, 2009, 45 (7): 1679-1685.

[88] X. G. Yan and C. Edwards. Adaptive sliding mode observer based fault reconstruction for nonlinear systems with parametric uncertainties. IEEE Transactions on Industrial Electronics, 2008, 55 (11): 4029-4036.

[89] H. Wang and S. Daley. Actuator fault disgnosis: an adaptive observer based technique. IEEE Transactions on Automatic Control, 1996, 41 (7): 1073-1078.

[90] X. G. Yan and C. Edwards. Fault estimation for single output nonlinear systems using an adaptive sliding mode estimator. IET Control Theory and Applications, 2008, 2 (10): 841-850.

[91] K. Zhang, B. Jiang, P. Shi, et al. Analysis and design of robust H∞ fault estimation observer with finite-frequency specifications for discrete time fuzzy systems. IEEE Transactions on Cybernetics, 2015, 45 (7): 1225-1235.

[92] D. Wang, W. Wang, P. Shi, et al. Robust fault detection for switched linear systems with state delays. IEEE Transactions on Systems, Man and Cybernetics, part: B, Cybernetics, 2009, 39 (3): 800-805.

[93] X. J. Li and G. H. Yang. Fault diagnosis for nonlinear single output systems based on adaptive high-gain observer. IET Control Theory and Applications, 2013, 7 (16): 1969-1977.

[94] L. H. Xie. Output feedback H∞ control of systems with parameter uncertainty. International Journal of Control, 1996, 63 (4): 741-750.

[95] D. Koenig. Unknown input proportional multiple-integral observer design for linear descriptor systems: application to state and fault estimation. IEEE Transactions on Automatic Control, 2005, 50 (2): 212-217.

[96] Z. W. Gao and S. X. Ding. Fault estimation and fault tolerant control for descrtiptor systems via proportional, multiple intrgral and derivarive observer design. IET Control Theory and Applications, 2007, 1 (5): 1208-1218.

[97] Z. W. Gao and D. W. C. Ho. State/noise estimator for descriptor systems with application to sensor fault diagnosis. IEEE Transactions on Signal Processing, 2006, 54 (4): 1316-1326.

[98] L. E. Ghaoui, F. Oustry and M. Aitrami. A cone complementarity linearization algotithm for static output-feedback and related problems. IEEE Transactions on Automatic Control, 1997, 42 (8): 1171-1176.

[99] D. E. Kim and D. C. Lee. Feedback linearization control of three phase UPS inverter systems. IEEE Transactions on Industrial Electronics, 2010, 57 (3): 963-968.

[100] X. J. Li and G. H. Yang. Robust fault detection and isolation for a class of uncertain single output nonlinear systems. IET Control Theory and Applications, 2014, 8 (7): 462-470.

[101] R. Marino and P. Tomei. Global adaptive observers for nonlinear systems via filtered transformations. IEEE Transactions on Automatic Control, 1992, 37 (8): 1239-1245.

[102] H. S. Wu. Adaptive robust tracking and model following of uncertain dynamic systems with multiple time delays. IEEE Transactions on Automatic Control, 2004, 49 (4): 611-616.

[103] K. S. Narendra and J. Balakrishnan. Adaptive control using multiple models. IEEE Transactions on Automatic Control, 1997, 42 (2): 171-187.